Pythonで始める OpenCL

メニーコアCPU&GPGPU時代の並列処理

北山洋幸●著

■**サンプルファイルのダウンロードについて**
　本書掲載のサンプルファイルは、一部を除いてインターネット上のダウンロードサービスからダウンロードすることができます。詳しい手順については、本書の巻末にある袋とじの内容をご覧ください。

　なお、ダウンロードサービスのご利用にはユーザー登録と袋とじ内に記されている番号が必要です。そのため、本書を中古書店から購入されたり、他者から貸与、譲渡された場合にはサービスをご利用いただけないことがあります。あらかじめご承知おきください。

- 本書の内容についてのご意見、ご質問は、お名前、ご連絡先を明記のうえ、小社出版部宛文書（郵送またはE-mail）でお送りください。
- 電話によるお問い合わせはお受けできません。
- 本書の解説範囲を越える内容のご質問や、本書の内容と無関係なご質問にはお答えできません。
- 匿名のフリーメールアドレスからのお問い合わせには返信しかねます。

本書で取り上げられているシステム名／製品名は、一般に開発各社の登録商標／商品名です。本書では、™ および ® マークは明記していません。本書に掲載されている団体／商品に対して、その商標権を侵害する意図は一切ありません。本書で紹介している URL や各サイトの内容は変更される場合があります。

まえがき

　本書は並列プログラミング規格の一つである OpenCL を Python から利用することを解説する書籍です。Python から OpenCL を利用する場合、PyOpenCL を使用します。PyOpenCL は、Python から OpenCL を利用するためのラッパーと考えて良いでしょう。

　本書の対象読者は、「プログラミングの入門者から中級者」を想定しています。OpenCL 自体は初級でもかまいませんが、C/C++ 言語や Python 言語の初級レベルを卒業している人を対象とします。プログラミング言語の超初心者や、プログラミング言語を一つもマスターしていない人は対象としません。

　オープンソースなどに慣れておらず、身近にプログラミング熟練者がいない場合、環境構築に苦労する可能性があります。なるべく環境作成に苦労しないように工夫しましたが、開発環境はプラットフォーム、オペレーティングシステム、そして各種ソフトウェアのバージョンによって環境作成は細かい部分が異なります。環境構築に失敗する場合、調査能力が要求されます。このため、本書は Anaconda を使い、Python 自体や Pillow、Numpy などは一括してインストールできる方法を採用します。

　PyOpenCL はプラットフォームや開発環境へ依存しない並列プログラミングの手法です。OpenCL は、ヘテロジニアスな環境を前提にしていますが、PyOpenCL を使用するかぎり、そこまで深くハードウェアを意識する必要はないでしょう。C/C++ 言語から OpenCL を利用するときに比べ抽象化が進んでおり、比較的手軽に粒度の細かい並列プログラミングを行うことが可能です。

　本書は、PyOpenCL の初歩、行列や画像処理の基本、イメージオブジェクト、ワークグループ、そして簡単にカーネルを生成できるテンプレートを解説します。OpenCL 1.2 と 2.x では各種機能拡張が行われていますが、それが PyOpenCL の理解に、それほど重要と思われませんのでバージョンによる違いなどは省略します。このような細かな点は、PyOpenCL のホームページに多くの情報が掲載されています。本書を理解すれば、それらの情報をもとに、新しい機能へ対応するのは容易でしょう。

本書の対象読者は、

- Python で超並列プログラミングへ挑戦したい人
- PyOpenCL/OpenCL 入門者
- OpenCL を Python から利用したい人

です。

微力ながら、本書が PyOpenCL プログラミング習得のきっかけになることを期待します。

2018 年 1 月　寒さが身に染みる東大和南公園にて

北山洋幸

謝辞

出版にあたり、お世話になった株式会社カットシステムの石塚勝敏氏に深く感謝いたします。

用語

用語の使用に関して説明を行います。

カーネル 　　カーネルと記述した場合、カーネルソースの場合もあれば、カーネルオブジェクトのこともあります。文脈から判断してください。

引数 　　引数は、一般的にメソッドや関数の引数を指しますが、コマンドラインに与えるパラメタも引数と表現します。どちらを指すかは、文脈から判断してください。

カーネルとワークアイテム 　　本来ならワークアイテムと記述すべきところをカーネルと表現している場合があります。両者は厳密には異なりますが、便宜上ワークアイテムの代わりにカーネルと表現する場合があります。

バッファとバッファオブジェクト 　　正確にはバッファメモリオブジェクトを記述するところを、バッファ、バッファオブジェクト、あるいはメモリオブジェクトと表現している場合があります。すべて同じものを指しますので文脈から判断してください。

オブジェクトの省略 　　例えば、カーネルオブジェクトとすべきところをカーネルと記述します。単に「オブジェクト」を省略しているだけです。

PyOpenCL と pyopencl 　　一般名詞で使う場合は PyOpenCL、モジュールなどを指す場合は pyopencl を使用します。ただ、厳密に使い分けていません。

PyOpenCL と OpenCL 　　PyOpenCL は、OpenCL を Python から利用するためのモジュールです。このため OpenCL の機能を説明する際には、PyOpenCL とするより OpenCL として説明する方が分かりやすい場合があります。ただ、厳密に使い分けていませんので、文脈から何を指しているか判断してください。

動作確認環境

いくつかの環境でテストしましたが、確実に動作チェックしたのは下記の構成です。

システム 1

OS:	Windows 10 Professional
Anaconda:	バージョン 5.0.1
Python:	バージョン 3.6.3
PyOpenCL:	pyopencl-2017.2
Spyder:	バージョン 3.2.4
CPU（GPU）:	i5-6600（Intel HD Graphics 530）

ほかに以下のシステムでチェックしました。

システム 2

OS:	Windows 10 Home
Anaconda:	バージョン 5.0.1
Python:	バージョン 3.6.3
PyOpenCL:	pyopencl-2017.2
Spyder:	バージョン 3.2.4
CPU（GPU）:	i5-2540M（Intel HD Graphics 3000）

URL

書籍中に記述されている URL は原稿執筆時点のものです。URL の変更やウェブサイトの構造は頻繁に変更されますので、記述した URL が存在するとはかぎりません。もし、ページなどが見つからない場合は、トップページへ移動して探すか、インターネットでキーワードを検索してください。

記述した URL に必ず紹介した内容が記載されていることを保証するものではありません。

目次

まえがき iii

■第1章 はじめに……1

- 1-1 Pythonとは...2
- 1-2 OpenCL概論..2
  - 1-2-1 ハードウェアモデル..2
  - 1-2-2 ソフトウェアモデル..3
  - 1-2-3 データ並列とタスク並列..4
  - 1-2-4 OpenCL C言語..4
- 1-3 PyOpenCLとは..4
  - 1-3-1 ソフトウェアモデル..6

■第2章 開発環境とインストール……7

- 2-1 AnacondaをWindowsにインストール..8
  - 2-1-1 Anacondaのダウンロード..8
- 2-2 Anaconda Navigator..15
- 2-3 PyOpenCLをインストール...19
  - 2-3-1 whlをダウンロード..19
  - 2-3-2 インストール...20
  - 2-3-3 確認...22
  - 2-3-4 whlファイルなしでインストールする..25
- 2-4 PythonをWindowsにインストール...26
  - 2-4-1 Pythonのダウンロード...26
  - 2-4-2 PyOpenCLをインストール...30
- 2-5 IDLE..31

■第3章 Spyder入門……37

- 3-1 Spyder使用法の基礎..38
- 3-2 デバッグ機能..42

■第4章　はじめてのプログラム……47

- 4-1　はじめてのPyOpenCLプログラム 48
  - 4-1-1　プログラムの流れ 50
  - 4-1-2　numpy 関数の説明 53
  - 4-1-3　pyopencl の説明 55
  - 4-1-4　OpenCL API の説明 60
- 4-2　行列の積 74
  - 4-2-1　OpenCL 化 76
- 4-3　カーネルプログラムを分離 79
- 4-4　OpenCL 情報の表示 86
  - 4-4-1　実行例 87
  - 4-4-2　pyopencl の説明 90
  - 4-4-3　OpenCL API の説明 91

■第5章　画像と行列処理……99

- 5-1　単純な画像（行列）の生成 100
  - 5-1-1　Pillow 概要 100
  - 5-1-2　画像生成プログラム 100
  - 5-1-3　実行 103
  - 5-1-4　numpy 関数の説明 104
- 5-2　少し複雑な行列（画像）の生成 105
- 5-3　画像のネガティブ処理 111
  - 5-3-1　Pillow や Numpy でネガティブ処理 118
  - 5-3-2　バッファオブジェクトへの書き込み 119
  - 5-3-3　strides を使用する 120
- 5-4　画像の座標変換 122
  - 5-4-1　ミラー処理 122
  - 5-4-2　画像の上下を反転 125

■第6章　カーネルプログラムを分離……129

- 6-1　左右反転処理 133
- 6-2　ネガティブ処理 135
- 6-3　上下反転処理 136

■第 7 章　三次元配列で処理……139

■第 8 章　フィルタプログラム……145

8-1　ホストプログラム 146
8-2　カーネルの説明 149
　　8-2-1　ラプラシアン（1） 149
　　8-2-2　ラプラシアン（2） 153
　　8-2-3　エッジ強調 155
　　8-2-4　ソフトフォーカス 157
8-3　実行 159

■第 9 章　ベクタで画像処理……161

9-1　uchar4 で画像を扱う 162
　　9-1-1　カーネルプログラム 163
　　9-1-2　実行例 167
9-2　ベクタのロード・ストア命令で画像処理 168
　　9-2-1　カーネルプログラム 168
　　9-2-2　実行例 171
9-3　ベクタのロード・ストア命令とポインタ 172
　　9-3-1　カーネルプログラム 172
　　9-3-2　実行例 175
9-4　RGB 三成分の同時処理 176
　　9-4-1　カーネルプログラム 176
　　9-4-2　実行例 178

■第 10 章　大きなオペレータで画像処理……181

10-1　5x5 のオペレータを使用して画像処理 182
　　10-1-1　ホストプログラム 182
　　10-1-2　カーネルプログラム 185
　　10-1-3　実行例 186
10-2　オペレータを読み込む 188
　　10-2-1　ホストプログラム 188
　　10-2-2　実行例（移動平均フィルタ） 190
　　10-2-3　実行例（ガウシアンフィルタ） 193
10-3　オペレータを生成 195
　　10-3-1　ホストプログラム 195
　　10-3-2　オペレータ生成関数 198
　　10-3-3　実行例 199

■第 11 章　座標変換……201

11-1 拡大縮小処理 202
　11-1-1　ホストプログラム 203
　11-1-2　最近傍法のカーネルプログラム 205
　11-1-3　線形補間法のカーネルプログラム 207
　11-1-4　実行例 212

11-2 回転処理 213
　11-2-1　ホストプログラム 214
　11-2-2　最近傍法のカーネルプログラム 218
　11-2-3　線形補間法のカーネルプログラム 222
　11-2-4　実行例 224

■第 12 章　二つのカーネル……225

12-1 グレイスケール画像とフィルタ 226
　12-1-1　ホストプログラム 228
　12-1-2　カーネルプログラム 231
　12-1-3　実行例 235

12-2 二つの画像の合成 236
　12-2-1　ホストプログラム 236
　12-2-2　カーネルプログラム 238
　12-2-3　実行例 241

■第 13 章　イメージオブジェクト……243

13-1 イメージオブジェクトとは 244
　13-1-1　プログラムの変更点 244

13-2 イメージオブジェクトでフィルタ 246
　13-2-1　ホストプログラム 246
　13-2-2　ラプラシアンフィルタのカーネルプログラム 250
　13-2-3　エッジ強調のカーネルプログラム 254
　13-2-4　ソフトフォーカスのカーネルプログラム 255
　13-2-5　実行例 257

13-3 pyopencl の説明 258

13-4 OpenCL API の説明 260

13-5 OpenCL C 組み込み関数の説明 267

13-6 イメージオブジェクトで座標変換 268
　13-6-1　ホストプログラム 269
　13-6-2　最近傍法のカーネルプログラム 270
　13-6-3　Bilinear 法のカーネルプログラム 272
　13-6-4　実行例 273

■第14章　ワークグループ……275

14-1 ワークグループの基礎 276
- 14-1-1 簡単な例 276
14-2 ワークグループ分割 281
14-3 ワークグループとワークアイテムの関係 283
14-4 ローカルIDからグローバルIDを算出 286
- 14-4-1 実行例 288

■第15章　pyopencl.arrayとテンプレート……291

15-1 pyopencl.array 292
- 15-1-1 numpy.ndarrayから生成する例 292
- 15-1-2 pyopencl.arrayを直接生成する例 293
- 15-1-3 pyopencl.arrayから生成する例 294
- 15-1-4 pyopenclの説明 296
15-2 スカラ 297
15-3 数学関数 299
15-4 最大値、最小値 300
15-5 if_positive 301
15-6 リダクション 302
- 15-6-1 Makoモジュール 304
15-7 ReductionKernelテンプレート 304
- 15-7-1 配列の総和 306
- 15-7-2 最大値と最小値 307
- 15-7-3 二つの配列 308
- 15-7-4 データを間引く 309
15-8 subset 311
15-9 Elementwiseテンプレート 313
- 15-9-1 要素ごとの簡単な計算 314
- 15-9-2 画像処理 315
- 15-9-3 optionsの指定 317

参考資料／参考文献 319
索　引 320

第1章

はじめに

1 はじめに

本章では Python と OpenCL、そして PyOpenCL の概要を説明します。

1-1 Python とは

Python はインタプリタ型のプログラミング言語の一種です。「プログラミング」と聞くと、理系の素養が必要で敷居が高いと思う人もいるでしょうが、そのようなことはありません。特に Python はプログラミング未経験者にも優しい言語です。プログラミングに不慣れな人であっても習得しやすく、しかしながら決して非力ではなく、初級者なら初級者的な使い方が、そして上級者には上級者らしい使い方のできる万能なプログラミング言語と言ってよいでしょう。

Python は Windows、Linux、macOS といった主要なプラットフォームで動作するため、たいていの環境で利用できるということも大きな利点です。このことと、前述した使いやすさと強力な機能とがあいまって、現在では最も人気のある言語の一つとして、さまざまな応用分野で利用されています。

1-2 OpenCL 概論

同一の CPU で並列に動作するスレッドなどと違い、OpenCL は、主として CPU と GPU（GPGPU）のような異種（ヘテロジニアスな）アーキテクチャを組み合わせたシステム向けの並列化環境です。OpenCL も同一アーキテクチャシステムの並列化に対応していないわけではありませんが、現実的にはヘテロジニアスなシステムで動作させることを想定していると考えてよいでしょう。

1-2-1 ハードウェアモデル

OpenCL が想定しているハードウェアは、汎用の CPU に並列演算が得意なアクセラレー

タを接続した構成です。CPU とアクセラレータが同一のアーキテクチャである必要はありません。典型的な例を次図に示します。

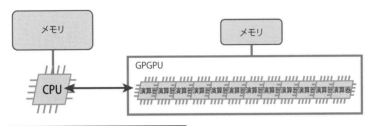

図1.1●想定するハードウェア構成

1-2-2　ソフトウェアモデル

　OpenCL のアプリケーションソフトウェアは、ホスト側のプログラムとデバイス側のプログラムが一体となって動作し、目的を達成します。ここでいう「**ホスト**」とは、コンピュータのオペレーティングシステムなどが処理される、メイン CPU やメモリ環境などを指します。また、「**デバイス**」とは、GPGPU などを搭載したグラフィックスボードなどを指します。OpenCL のソフトウェア構成の典型的な例を次図に示します。

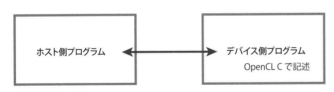

図1.2●想定するソフトウェア構成

　OpenCL による並列化は、ホスト側のプログラムから一部の処理をデバイス側のプログラムへ任せるという形で構成します。ヘテロジニアスな環境を想定しているため、ホスト側とデバイス側それぞれにプログラムを用意しなければなりません。ほかの並列化プログラムと比べ、OpenCL はこの点が大きく異なります。また、ホスト側プログラムとデバイス側プログラムの通信方法や、メモリの受け渡しなどについて新たな概念を習得しなければなりません。

　二つのプログラムを用意することとそれらを相互に連携させる点が、スレッドや OpenMP などに比べ面倒です。OpenCL は手続きが多少煩雑なため、ほかの並列プログラミングより

前処理、後処理へ多くの作業を要求します。また、データなども相互に受け渡しが必要です。

なお、OpenCLではデバイス側で動作するプログラムを特別に「**カーネル**」(kernel) と呼びます。

1-2-3　データ並列とタスク並列

OpenMPや.NET FrameworkのTPLといった並列化技術と同様に、OpenCLもデータ並列とタスク並列をサポートしています。個人的な感想ですが、OpenCLはGPGPUを活用し、ほかの並列化と比べて粒度の小さな大量の並列化に適していると思います。このため、データ並列に威力を発揮するでしょう。

1-2-4　OpenCL C言語

デバイス側のプログラムはC99準拠の言語で開発します。OpenCL C言語は、C99へ制限と拡張を加えたものです。C/C++言語で記述しますが、ごく限られた機能しか使用しないため、C/C++言語に慣れていなくても、何らかの言語を習得している人であれば記述するのに苦労しないでしょう。デバイス側のプログラムには、細かな制限や多くのOpenCL C組み込み関数が用意されています。これについてはOpenCLの仕様書を参照してください。

1-3　PyOpenCLとは

PyOpenCLは、OpenCLという並列計算フレームワークをPythonから使うためのライブラリです。PyOpenCLを使用すると、OpenCL APIにPythonから簡単にアクセスできます。OpenCLは一般的にC/C++言語から使いますが、PyOpenCLを使用することでPythonから超並列プログラミングを実現できます。

PyOpenCLの主要な特徴を以下に列挙します。

1. Javaなどと同様にオブジェクトの寿命管理が容易です。後述する実例で示しますが、オブジェクトを破棄するOpenCL APIに対応するPyOpenCLコードは、ほとんど存

在しません。これは、Pythonがオブジェクトを管理してくれるためです。これによって、C/C++言語などと比較して、容易に堅牢なプログラムを記述できます。
2. PyOpenCLは、OpenCL APIを自由に使うことができます。あるいは、OpenCL APIを意識せず、OpenCL対応のプログラムを開発することも可能です。
3. 自動でエラーをチェックできます。すべてのエラーは自動的にPythonの例外に変換されます。本書ではOpenCLの理解を優先したためPythonの例外処理には触れていませんが、通常のプログラムと同じ方法で例外処理を行うことが可能です。
4. PyOpenCLの基本部分はC++言語で記述されているため高速です。
5. 役に立つドキュメンテーションが豊富です。ただし、筆者が参照した時点ではドキュメントは英文でしか提供されていませんでした。また、OpenCL APIと併用しないと理解しづらい部分も残っています。
6. ライセンスに制限がありません。PyOpenCLはMIT licenseのオープンソースであり、商業的、学術的、私的に無償で使用できます。ライセンスに関しては、MIT licenseを参照してください。

　PyOpenCLを利用する上での細かな部分は、前節「OpenCL概論」で説明したものと同じです。Pythonで記述できると説明しましたが、カーネル（デバイス側プログラム）のコードはC99準拠の言語で記述しなければなりません。ただ、カーネルコードはC/C++言語のごく一部を習得していればよいので、それほど困難ではないでしょう。さらに、PyOpenCLは簡単なカーネルならPythonのみで記述することも可能です。少し複雑なカーネルを記述したい場合でも、PyOpenCLが用意しているテンプレートに適切な引数を与えるだけでカーネルを生成することも可能です。
　このように、PyOpenCLを使用すると、

- C99準拠の言語でカーネルを記述する
- Pythonのみでカーネルを記述する
- テンプレートを利用してカーネルを生成する

など多様な方法から選択できます。これらについては、本書の具体例で解説します。
　PyOpenCLを使用してOpenCLのプログラムをC/C++言語で記述するように、一対一で対応させることもできますが、本書ではそのような解説は省きました。C/C++言語で記述するように一対一で対応させるなら、Pythonを使用するメリットが感じられません。非同期でプログラミングするなら一対一で対応させるのもよいでしょうが、それならば最初からC/C++言語で記述したほうがよいと判断します。

1-3-1 ソフトウェアモデル

　PyOpenCL のハードウェアモデルは通常の OpenCL と同様ですが、ソフトウェアモデルは若干異なります。ホスト側プログラムから一部の処理をデバイス側プログラムへ任せる形で並列化を構成する点と、ヘテロジニアスな環境を想定しているためにホスト側とデバイス側のそれぞれにプログラムが必要な点は変わりません。

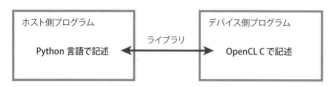

図1.3●想定するソフトウェア構成（PyOpenCL）

　しかし、PyOpenCL を使用するとホストやデバイスが抽象化されるため、通常の OpenCL では多くの作業が要求された前処理や後処理の面倒が緩和され、それほどホストやデバイスを意識する必要はありません。

第2章

開発環境とインストール

2 開発環境とインストール

本章では、PythonやPyOpenCLなどのインストール、簡単な開発環境の使用法、そして環境が正しいことを確かめるプログラムの作成について解説します。PyOpenCLはマルチプラットフォームで使用可能な規格です。PyOpenCLで開発したプログラム自体はポータビリティがありますが、PyOpenCL対応のプログラムを開発・実行させる環境は、それぞれが自身でセットアップしなければなりません。

Pythonのインストールは簡単になりました、あるいはプラットフォームによっては、Pythonは最初からインストールされています。ただ、PyOpenCLは別途インストールが必要です。開発環境は流動的であり、日々変化するためインストールの詳細を説明しても価値があるとは思えません。しかし、何も解説しないのも初心者には不親切です。そこで、本書ではWindowsにPyOpenCL環境を構築する方法を中心に解説します。

2-1 AnacondaをWindowsにインストール

Python本体のみを使うには、いろいろな環境が提供されているため、それほど難しくありません。たとえばPythonの本家（https://www.python.org/）からPythonのみをインストールするだけです。ここでは、IDEやコンソールなどもパッケージされて広く使われているAnacondaを、Windowsにインストールする手順について紹介します。

2-1-1 Anacondaのダウンロード

Anaconda for Windowsを公式ホームページからダウンロードします。まず、Anacondaのダウンロードページにアクセスします（https://www.anaconda.com/download/）。

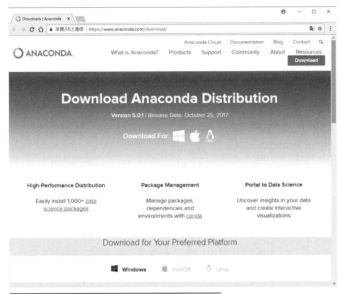

図2.1●Anacondaのダウンロードページ

　表示されたページをスクロールし、「Python 3.x version」の「Download」ボタンをクリックするとインストーラのダウンロードが開始されます。「Download」ボタンの下に、64 ビット用と 32 ビット用の表示もありますので、明示的にビット数を選びたい場合は、その表示から選ぶのもよいでしょう。Python 2.7 系のための Anaconda も提供されていますので、2.x 系を使用したい人は、そちらを選択するとよいでしょう。本書は、今後のことを考え、最新の Python 3 系をダウンロードします。

図2.2●Python 3系を選択

「Download」ボタンをクリックすると、AnacondaのCheat Sheetを受け取るEmailアドレス入力の案内が現れます。必要ならEmailアドレスを入力しましょう。必要でなければ「No Thanks」を選択しましょう。

図2.3●Emailアドレス入力の案内

ダウンロードが完了したら、ブラウザの下部に表示されるインストーラをクリックします。

図2.4●インストーラをクリック

インストーラが起動すると、Anacondaのバージョンやビット数の表示も行われますので、目的のAnacondaであることを確認し、「Next >」ボタンをクリックして次の画面に進みましょう。

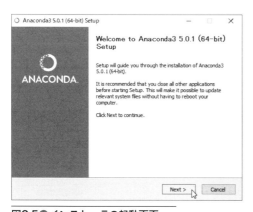

図2.5●インストーラの起動画面

ライセンスの確認画面が表示されますので、最後までスクロールしながら、ライセンスを一通り確認し、「I Agree」ボタンをクリックして次の画面に進みます。

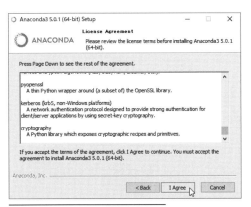
図2.6●ライセンスの確認画面

現在の単一ユーザーとしてインストールするか、全ユーザーへインストールするかを選択する画面が表示されます。単一ユーザーとして（Just Me）インストールするのが推奨されています。複数の人でパソコンを共用し、全員が同じバージョンのAnacondaを使用するような特殊な環境でない場合、「Just Me」を選択したまま「Next >」ボタンをクリックして次の画面に進みましょう。

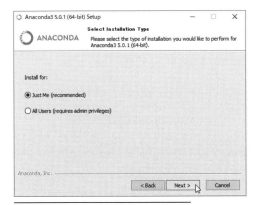
図2.7●インストールの種類を選択

インストール先を選択する画面が表示されます。特別な理由がないかぎり変更する必要はないでしょう。インストール先を確認・選択して「Next >」ボタンをクリックして次の画面に進みましょう。「¥User」の配下にインストールしたくない場合は、「Browse...」ボタン

をクリックし、適切な場所へインストールしましょう。

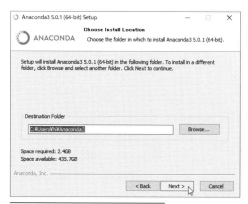

図2.8●インストール先を選択

　インストールのオプションを選択する画面が表示されます。特に変更の必要はありませんので、このまま「Install」ボタンをクリックし、インストールを開始します。「Add Anaconda to my PATH environment variable」は、環境変数PATHにAnacondaのフォルダを追加するか否かを決める選択肢です。最初の方に「Not recommended ...」と記述されており推奨されていません。これをチェックしなくても、コンソールを使用したいときは「Anaconda Prompt」を使用するとPythonへのパスは通っています。また「Register Anaconda as my default Python 3.6」は「AnacondaをデフォルトのPython 3.6として登録するか」の選択肢です。これにチェックを付けておくと、インストールしたPythonがシステム上のプライマリとして扱われますので、ほかの開発ツールは、このPython（Anaconda）を自動で認識します。詳細は表示されているメッセージを参照してください。

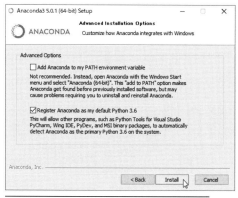

図2.9●インストールのオプションを選択

「Install」をクリックすると、しばらくインストール作業が続きますので、完了するのを待ちます。

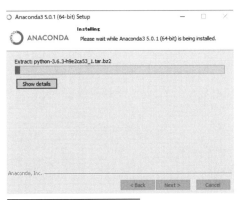

図2.10●インストール中

インストールが完了すると、次のように「Completed」という表示に変わります。「Next >」をクリックして次の画面に進みます。示した画面は「Show details」ボタンをクリックした状態です。「Show details」ボタンをクリックしないと、インストール状況は表示されません。

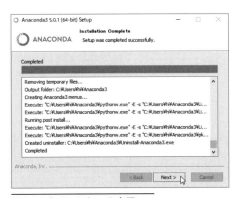

図2.11●インストール完了

インストール作業が終わったことを表す画面が表示されます。「Finish」ボタンをクリックし、インストーラを終了させます。チェックボックスにチェックされたままだと関連情報が表示されますが、必要なければチェックを外してください。いずれにしてもAnaconda3はインストールされています。

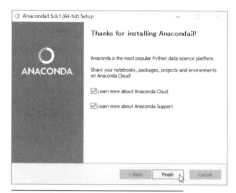

図2.12●インストーラを終了する

これでAnacondaのインストールは完了です。

2-2 Anaconda Navigator

　Anacondaのインストールが完了すると、スタートメニューにAnacondaのフォルダが追加されます。この中に「Anaconda Navigator」というソフトウェアがあります。これはAnacondaを管理するためのツールです。まず、Anaconda Navigatorを起動してみましょう。Anaconda Navigatorは、Anacondaのフォルダだけでなく、スタートメニューの「最近追加されたもの」にも表示されますので、そちらから起動します。

図2.13●Anaconda Navigatorの起動

最初の実行で、Anacondaの改善に協力するか否かを求められます。ここでは、何も変更せず「OK, and don't show again」ボタンをクリックします。つまり、改善に協力し、この画面を今後表示させないようにします。メッセージにあるように、この設定はいつでも変更可能です。

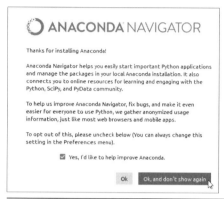

図2.14●Anaconda Navigatorの初回起動時の画面

　Anaconda Navigatorが立ち上がると、次に示す画面が現れます。左側にEnvironments、Learning、CommunityやDocumentationなどが存在します。これらはとても有益ですので、覗いてみるとよいでしょう。まず、右側に表示されているSpyderを起動します。「Launch」ボタンをクリックして起動します。

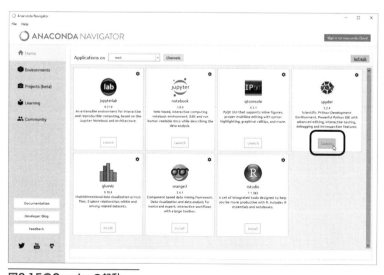

図2.15●Spyderの起動

しばらくすると Spyder が起動します。起動前に、ファイヤーウォールが警告を発する場合がありますので、そのような場合は通信を許可してください。

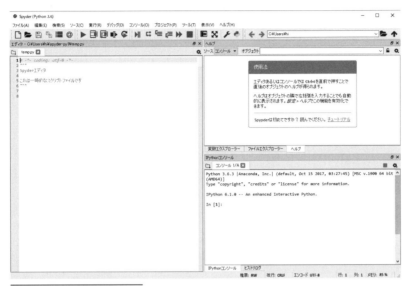

図2.16●Spyderの画面

　Python や Spyder のインストールに問題がないか確認したいので、「Hello Python」を表示する簡単なプログラムを作ってみましょう。

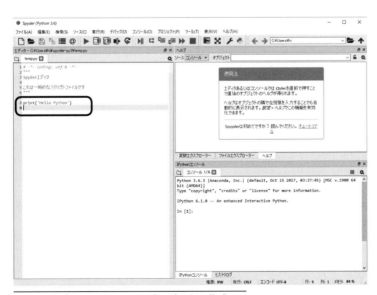

図2.17●「Hello Python」プログラムの作成

左側のエディタペインに print 文を入力します。実行するには ▶ をクリックします。すると、最初の実行で以降の画面が現れます。コンソールの選択、コマンドラインや作業ディレクトリなどを指定できます。ここでは何も変更せず「実行」ボタンをクリックします。

図2.18●実行設定の画面

すると、右下の IPython コンソールに実行結果が表示されます。

図2.19●実行結果の表示

今回は Spyder を Anaconda Navigator 経由で起動しましたが、Anaconda Navigator を使用する必要がないときは、直接 Spyder を起動してもかまいません。

2-3 PyOpenCL をインストール

　Anaconda のインストールが完了して、Python が使用可能となりました。Anaconda には Numpy などは含まれていますが PyOpenCL は含まれていません。このため、PyOpenCL を追加インストールする必要があります。

　サードパーティーやオープンソースのプロダクトに言えることですが、利用は使用者の責任です。分かならいことは自分で調査しなければなりません。バージョンアップが頻繁にあり、インストール方法が変更されるのもよくあることです。もっとも、たいていの場合はインターネット上に親切な情報や環境が用意されています。ただし、特に最新版の使用に拘るのであれば、それなりの調査能力と、ソースコードからビルドして環境を構築する能力が要求されます。

2-3-1　whl をダウンロード

　ここでは、インターネットから whl ファイルを入手して PyOpenCL をインストールする方法を紹介します。pip コマンドを使用してインストールしますが、その前に最新の whl ファイルを入手します。まず、https://www.lfd.uci.edu/~gohlke/pythonlibs/#pyopencl から、自身の環境に合うファイルをダウンロードします。

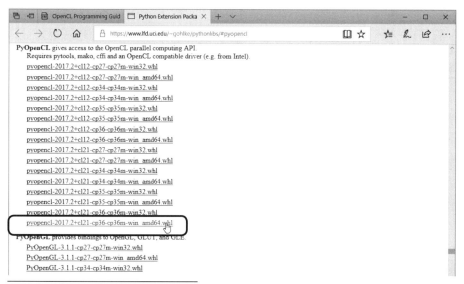

図2.20●whlファイルのダウンロード

使用したいファイル名をクリックすると、whlファイルがダウンロードできます。

前述のサイトが用意しているファイルは、Christoph Gohlke、Laboratory for Fluorescence Dynamics、University of California、Irvineによって提供されている、非公式のPython拡張パッケージ用のWindowsバイナリです。ファイルは、いかなる保証やサポートもありません。品質と性能に関するすべてのリスクは利用者にあります。詳細はページの先頭を読んでください。

 PyOpenCLのビルド方法は本書の対象外です
出来合いのバイナリファイルを利用したくない場合は自分でPyOpenCLをビルドする必要があります。ただし、本書はPyOpenCLの使用法を解説する書籍であり、PyOpenCLのビルド方法については解説しておりません。PyOpenCLのビルドに興味のある人は、ほかの文献や資料に当たってください。

2-3-2 インストール

まず、Anaconda Promptを起動します。pipコマンドに先ほどダウンロードしたwhlファイルを指定します。ここでは、「`pip install pyopencl-2017.2+cl21-cp36-cp36m-win_amd64.whl`」と入力します。whlファイルが作業中のディレクトリに存在しない場合、フル

パスで指定してください。実際の例を次に示します。

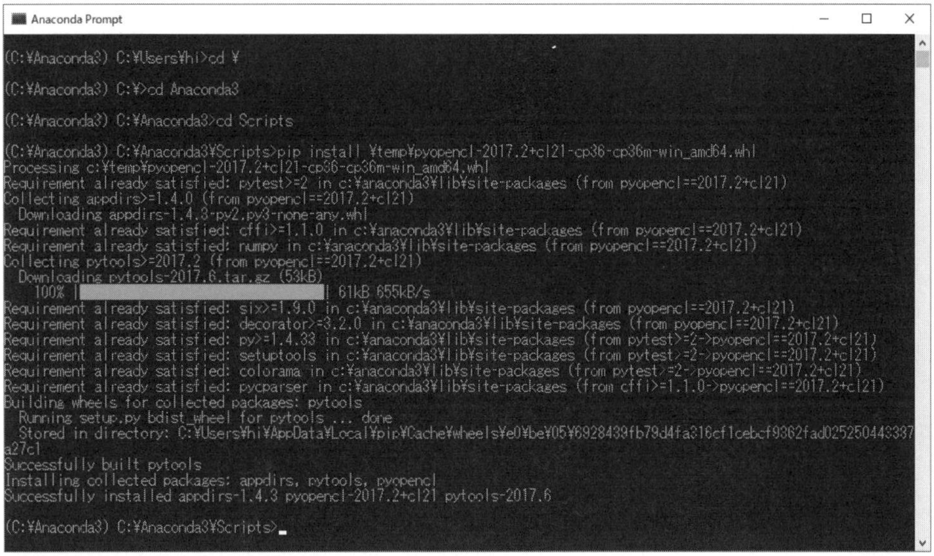

図2.21 ● whlファイルのインストール

この例では、AnacondaのScriptsディレクトリへ移動してpipコマンドを入力していますが、必ずしもAnacondaのディレクトリへ移動する必要はありません。

> 実行結果

```
(C:\Anaconda3) C:\Users\hi>cd \

(C:\Anaconda3) C:\>cd Anaconda3

(C:\Anaconda3) C:\Anaconda3>cd Scripts

(C:\Anaconda3) C:\Anaconda3\Scripts>pip install \temp\pyopencl-2017.2+cl21-cp36-cp36m-win_amd64.whl
Processing c:\temp\pyopencl-2017.2+cl21-cp36-cp36m-win_amd64.whl
Requirement already satisfied: pytest>=2 in c:\anaconda3\lib\site-packages (from pyopencl==2017.2+cl21)
Collecting appdirs>=1.4.0 (from pyopencl==2017.2+cl21)
  Downloading appdirs-1.4.3-py2.py3-none-any.whl
Requirement already satisfied: cffi>=1.1.0 in c:\anaconda3\lib\site-packages (from pyopencl==2017.2+cl21)
Requirement already satisfied: numpy in c:\anaconda3\lib\site-packages (from pyopencl==2017.2+cl21)
```

```
Collecting pytools>=2017.2 (from pyopencl==2017.2+cl21)
  Downloading pytools-2017.6.tar.gz (53kB)
    100% |████████████████████████████████| 61kB 655kB/s
Requirement already satisfied: six>=1.9.0 in c:\anaconda3\lib\site-packages (from pyopencl==20
17.2+cl21)
Requirement already satisfied: decorator>=3.2.0 in c:\anaconda3\lib\site-packages (from pyopen
cl==2017.2+cl21)
Requirement already satisfied: py>=1.4.33 in c:\anaconda3\lib\site-packages (from pytest>=2->p
yopencl==2017.2+cl21)
Requirement already satisfied: setuptools in c:\anaconda3\lib\site-packages (from pytest>=2->p
yopencl==2017.2+cl21)
Requirement already satisfied: colorama in c:\anaconda3\lib\site-packages (from pytest>=2->pyo
pencl==2017.2+cl21)
Requirement already satisfied: pycparser in c:\anaconda3\lib\site-packages (from cffi>=1.1.0->
pyopencl==2017.2+cl21)
Building wheels for collected packages: pytools
  Running setup.py bdist_wheel for pytools ... done
  Stored in directory: C:\Users\hi\AppData\Local\pip\Cache\wheels\e0\be\05\6928439fb79d4fa316c
f1cebcf9362fad025250443387a27c1
Successfully built pytools
Installing collected packages: appdirs, pytools, pyopencl
Successfully installed appdirs-1.4.3 pyopencl-2017.2+cl21 pytools-2017.6
```

これだけでPyOpenCLのインストールが完了します。

2-3-3 確認

PyOpenCLがインストールできたことを確認するため、PythonからOpenCLを使用できるか、簡単なプログラムで確認してみましょう。

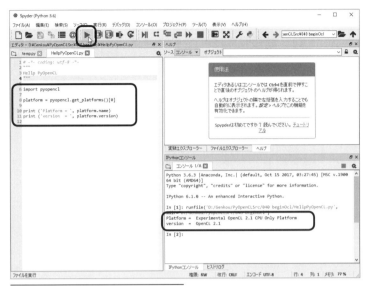

図2.22●簡単なプログラムで確認

　最初に見つかったOpenCLプラットフォームと、そのバージョンを表示すプログラムを実行し、問題が起きなければPyOpenCLが正常にインストールされています。少なくとも「import pyopencl」についてエラーが表示されなければ、PyOpenCLは正常にインストールできたと考えてよいでしょう。以降にプログラムのソースリストと実行結果を示します。

リスト2.1●02_begin/HelloPyOpenCL.py

```python
# -*- coding: utf-8 -*-
"""
Hello PyOpenCL
"""

import pyopencl

platform = pyopencl.get_platforms()[0]

print ('Platform = ', platform.name)
print ('version  = ', platform.version)
```

二つの環境で実行した結果と、それぞれの環境のデバイスマネージャーの様子を示します。

実行結果 (hp 2560p、Intel OpenCL SDK使用)

```
Platform =   Experimental OpenCL 2.1 CPU Only Platform
version  =   OpenCL 2.1
```

図2.23●デバイスマネージャー (hp 2560p、Intel OpenCL SDK使用)

実行結果 (hp ProDesk、Intel OpenCL SDK不使用)

```
Platform =   Intel(R) OpenCL
version  =   OpenCL 2.0
```

図2.24●デバイスマネージャー（hp ProDesk、Intel OpenCL SDK不使用）

二つの環境で正常に動作します。問題なく Python から OpenCL を利用できます。

2-3-4 whl ファイルなしでインストールする

　whl ファイルをダウンロードしなくても PyOpenCL をインストールできる場合があります。先ほどと同様に Anaconda Prompt を起動し、「pip install pyopencl」や「easy_install pyopencl」と入力するだけで、PyOpenCL がインストールできる場合もあります。PyOpenCL をインストールするときに、Visual Studio のツール類を求められる場合もあります。そのような場合は、案内メッセージに従って処理してください。

2-4 PythonをWindowsにインストール

　本節では、Pythonの公式サイト（https://www.python.org/）からPythonのみをインストールし、必要な機能を後からインストールする方法を紹介します。

　PyOpenCL環境の構築は前節までの説明で完了しているので、Anacondaで十分という人は本節を読み飛ばしてください。

2-4-1 Pythonのダウンロード

　Pythonを公式ホームページからダウンロードします。

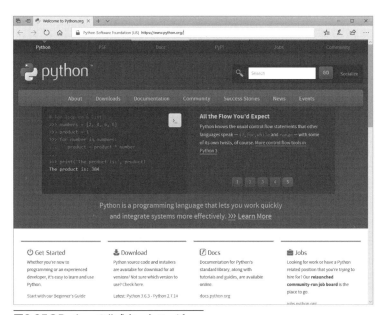

図2.25●Pythonの公式ホームページ

「Downloads」を選ぶとWindows用のPythonとして「Python 3.x.x」と「Python 2.x.x」が現れますので、「Python 3.x.x」を選択してください。Python 2.7系を使用したい人は、そちらを選ぶとよいでしょう。本書は、今後のことを考え、最新のPython 3系をダウンロードします。

図2.26●公式インストーラのダウンロード

ダウンロードが完了したら、ブラウザの下部に操作が表示されますので、「実行」をクリックします。

図2.27●インストーラの実行

ダウンロード完了時の表示は、使用中のブラウザによってメッセージが異なります。メッセージが現れず、単にファイルが表示される場合は、そのファイルをクリックしてください。

図2.28●インストーラの実行

インストーラが起動すると、セットアップ画面が現れます。デフォルトでは「Add Python 3.6 to PATH」のチェックボックスにチェックは付いていません。コマンドプロンプトなどでPythonを使用する場合は、このチェックボックスにチェックを付けてPathにPythonを設定しましょう。

図2.29●PathにPythonを設定

次に、「Install Now」をクリックするとインストールが始まります。インストール先のディレクトリなどを変更したい場合は、「Customize installation」を選択して自身の環境に合わせてください（図2.33）。ここでは標準でインストールします。

図2.30●標準インストールする場合

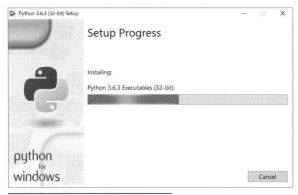

図2.31●インストール中の様子

図2.32●インストール完了

インストール先やオプションなどを変更したい場合は、「Customize installation」を選択してください。以下に、インストール先を「C:¥Python36-32」へ変更する例を示します。

図2.33●カスタムインストールする場合

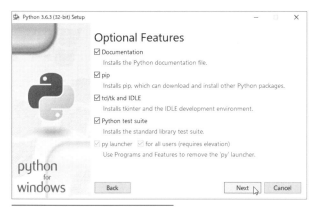

図2.34●オプション設定の画面

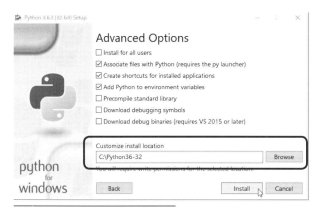

図2.35●インストール先の指定

2-4-2 PyOpenCL をインストール

　公式ホームページからダウンロード、インストールしたPythonにPyOpenCLをインストールするのは、2-3節で説明した方法と同じですが、状況によってNumpyもインストールする必要があります。Numpyもpipコマンドでインストールできますが、そのような面倒を避けたければ、AnacondaやWxPythonなどのようなパッケージ化された環境を使う方が簡単です。

2-5 IDLE

　Pythonのインストールが完了すると、スタートメニューにPythonのフォルダが追加されます。この中に「IDLE (Python 3.6 32-bit)」というメニューが追加されます（バージョン番号やビット数の表示は異なる場合があります）。IDLEは、Pythonのフォルダだけでなく、スタートメニューの「最近追加されたもの」にも表示されますので、そちらをクリックします。

図2.36●スタートメニューの様子

　すると、IDLEが起動します。

図2.37●IDLEの起動

問題がないか「Hello Python」をインタラクティブに実行し、動作を確認します。問題なく動作すれば、Pythonが使用できる状態にあることが分かります。

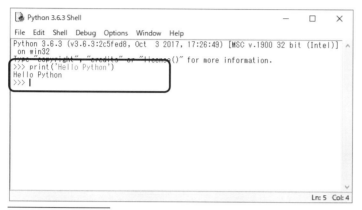

図2.38●動作確認

インタラクティブではなくPythonプログラムを記述したファイルを実行することもできます。[File > Open...] メニューを選択します。

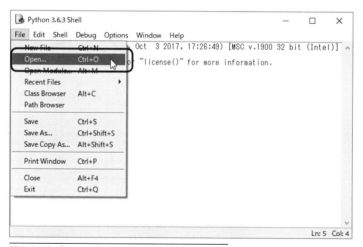

図2.39●[File > Open...] メニューを選択

「開く」ダイアログが現れますので、目的のファイルを選択します。

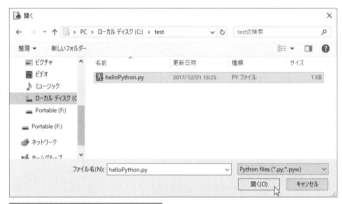

図2.40●「開く」ダイアログ

実行するには、［Run > Run Module］メニューを選択するかF5キーを押します。

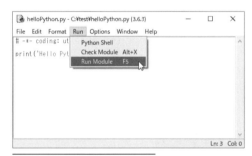

図2.41●プログラムの実行

すると、実行結果が元のウィンドウに表示されます。

図2.42●実行結果

インストール時にPathを設定したため、通常のコマンドプロンプトからPythonを使用することもできます。Windowsのスタートボタンを押して「cmd」と入力すると「コマンド プロンプト」がメニューに現れ、Enterキーを押すとコマンドプロンプトのウィンドウが表示されます。もちろん、スタートメニューからコマンドプロンプトを探し、それを起動しても同じです。

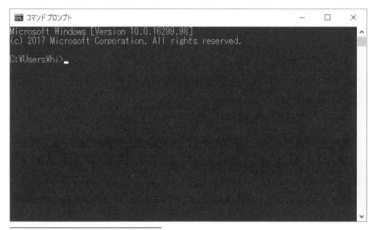

図2.43●コマンドプロンプト

コマンドプロンプトで「Python」と入力すると、Pythonが起動します。

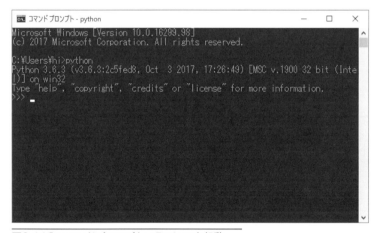

図2.44●コマンドプロンプトでPythonを起動

先ほど IDLE で行ったように、インタラクティブに Python コマンドを実行できます。

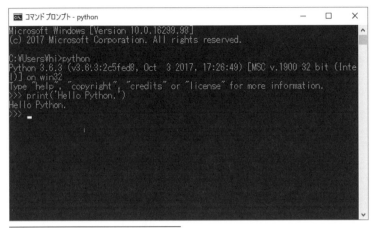

図2.45●Pythonコマンドの実行

インタラクティブではなく Python プログラムを記述したファイルを実行することもできます。まず、「quit()」と入力して一旦 Python を終了します。そしてあらためて「Python」と入力し、続けて空白一つと Python プログラムのファイル名を入力して Enter キーを押すと、ファイルに記述した Python プログラムを実行できます。

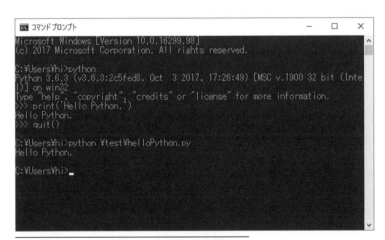

図2.46●ファイルに保存したプログラムの実行

これで、IDLE とコマンドラインから Python を使う方法の解説を終了します。

第3章

Spyder入門

3 Spyder 入門

　Anacondaには、統合開発環境であるSpyderが含まれています。Python用の開発環境はたくさん存在しますが、Spyderはとても優れた環境で、強力なエディタ、デバッガ、コンソールなどが含まれており、これ一つでプログラムの開発からデバッグまでの一連の作業をすべて行うことができます。ここでは、Spyderの基本的な使い方を紹介します。

3-1 Spyder 使用法の基礎

　Windowsのスタートメニューから「Anaconda3 (64-bit)」の「Spyder」を選択し、Spyderを起動します。すると、次に示すSpyderの画面が表示されます。

図3.1●Spyderの画面

　Spyderの画面はタブを備えた複数のウィンドウで構成されます。図中のウィンドウ①はエディタで、ここにプログラムコードを記述します。文字コードなどの指定はあらかじめ記述されています。

図中のウィンドウ③はコンソールです。ここからインタラクティブに Python プログラムを実行できます。試したいことなどがあれば、このウィンドウを使うとよいでしょう。簡単な代入や表示を行った例を次図に示します。

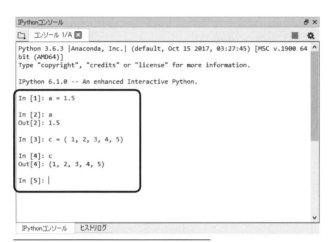

図3.2●コンソールウィンドウの使用例

Spyder のエディタでプログラムコードを入力すると、コマンドプロンプトなどと違って入力を補助する情報が表示されるため、プログラム開発の効率が向上します。

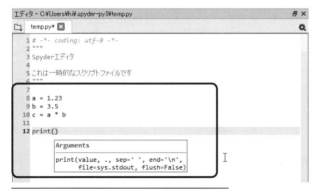

図3.3●エディタで表示される入力補助情報

Spyder の起動時に新しいバージョンが存在する旨のダイアログが現れる場合がありますが、そのまま使い続けても支障はありません。バージョンアップを行いたければ案内メッセージに従ってください。

関数の詳細を知りたければCtrl + Iキーでヘルプ画面に情報が表示されます。ここでは、「print」の上にカーソルを移動し、Ctrl + Iキーを押したときのヘルプ画面の様子を示します。

図3.4●ヘルプ画面の例

ソースコードを記述し、それをファイルへ保存する例を示します。「ファイル」メニューの「形式を指定して保存」をクリックします。

図3.5●形式を指定して保存

3-1 Spyder 使用法の基礎

「ファイルを保存」ダイアログが現れますので、適切な場所に適切な名前で保存します。

図3.6● 「ファイルを保存」ダイアログ

早速実行してみましょう。上部にあるツールバーの ▶ をクリックし、プログラムを実行します。実行結果は右下のコンソールに表示されます。

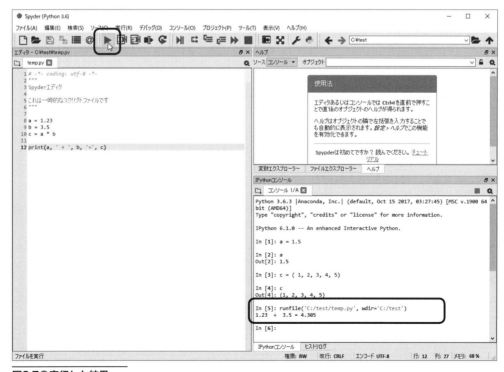

図3.7● 実行した結果

通常は、これだけ知っていれば簡単なプログラムを開発することは可能です。

ほかにも便利な機能はたくさんありますので、環境に慣れながら多数のショートカットキーなども使いこなすと、プログラム開発の効率は格段に向上します。

3-2 デバッグ機能

Spyderは強力なデバッグ機能を搭載しています。複雑なプログラムを開発すると、思ったように動作せず原因究明に時間を要する場合があります。そのような場合にSpyderのデバッグ機能は強力な補助となります。

> **Note** 筆者は、むやみにデバッガを利用することには反対です。なるべくプログラムソースを丹念に観察し、関数の使用法や仕様を一通り調べ、それでも原因が分からないときの補助と考えるべきです。不具合の原因は現場にはなく設計にあることが大半です。

それでは、プログラムをステップ実行する方法を紹介します。まず、 をクリックします。

図3.8●プログラムのデバッグ開始

すると、プログラムの先頭に制御が渡り、そこで止まります。その状態で、■ を押すと次に進みます。

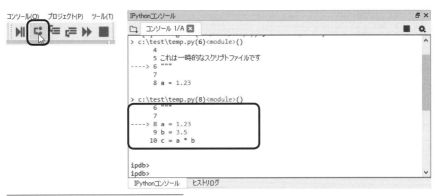

図3.9●プログラムのステップ実行

これを順次繰り返せば、プログラムを一行ごとステップ実行できます。ステップ実行すると、途中の状態を観察できます。関数などを呼び出す行では、■ を選ぶと関数内をデバッグすることが可能です。関数から出たい場合は、隣の ■ をクリックしましょう。

ステップ実行中にその時点の変数の内容を知りたい場合は、ウィンドウ②の「変数エクスプローラー」タブを開けば表示されます。ほとんどの不具合は、ここまでに紹介した機能を使えば不具合の原因を発見できるでしょう。

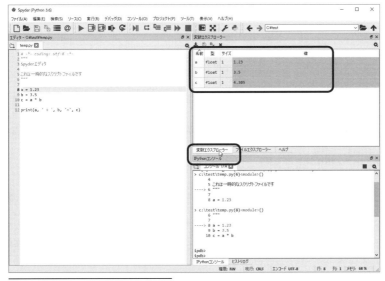

図3.10●変数エクスプローラー

デバッグ中に不具合の原因が分かり、デバッグ作業を終了したい場合があります。そのような場合は ■ を押して、デバッグを終了します。

図3.11●デバッグ停止

次にブレークポイントの使用法を紹介します。プログラムの動作を観察するとき、任意の場所で実行を停止し、変数の参照やステップ実行をしたい場合があります。そのようなときは、ブレークポイントを設定してそこまで一気に実行し、それ以降を前述の方法で観察しながらデバッグするのはよくあることです。ブレークポイントの設定は、ブレークしたい行番号をダブルクリックして設定します。

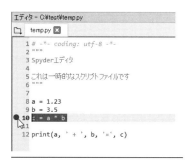

図3.12●ブレークポイントの設定

ブレークポイントまで実行するには、まず ▶| をクリックしてデバッグに入ります。そして ▶▶ を押すと、設定したブレークポイントに達した時点でプログラムは停止（ブレーク）します。

図3.13●デバッグを開始しブレークポイントまで実行

いったんブレークしたら、それ以降のデバッグ方法は、これまでと同様です。ブレークポイントの解除も、同様に行番号をダブルクリックして解除します。

ブレークしているときやステップ実行中に、変数の値を参照できますが、編集することも可能です。以降に編集している様子を示します。

図3.14●デバッグ時の変数値の編集

　これで、一通り Spyder の使用法の紹介を完了します。

　各種操作は、メニューから選択できるだけでなくショートカットキーも割り当てられています。頻繁に使用する機能のショートカットキーを覚えておくと、スムーズにデバッガを利用できます。

　Spyder 内からコマンドラインの引数を指定する例は、次の章で紹介します。

第4章

はじめてのプログラム

4 はじめてのプログラム

本章では、OpenCL 対応の初歩的なプログラムを紹介します。

4-1 はじめての PyOpenCL プログラム

Python を使用した初めての OpenCL 対応プログラムを紹介します。本節で紹介するプログラムは、配列 a と配列 b の各要素を加算し、配列 c の対応する位置に格納します。OpenCL は粒度の小さな並列化に最適なアーキテクチャです。ここでは、単純な例を用いて、粒度の小さなデータ並列を解説します。この例は、PyOpenCL の基本的なプログラムです。以降に処理の概要を示します。

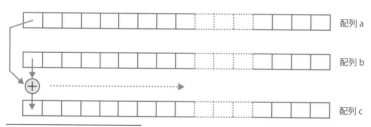

図4.1●プログラムの概要

以降に、ソースリストを示します。

リスト4.1●04_beginOcl/addCL.py

```
import pyopencl as cl
import numpy as np

src = '''
__kernel void add(
    __global const int* a,
    __global const int* b,
    __global int* c
)
{
    const int i = get_global_id(0);

    c[i] = a[i] + b[i];
```

```python
}
'''

size = 8
a = np.random.randint(0, 256, (size)).astype(np.int32)
b = np.random.randint(0, 256, (size)).astype(np.int32)
c = np.empty_like(a)

context = cl.create_some_context(interactive=False)
queue = cl.CommandQueue(context)

mem_a = cl.Buffer(context, cl.mem_flags.READ_ONLY | cl.mem_flags.COPY_HOST_PTR, hostbuf=a)
mem_b = cl.Buffer(context, cl.mem_flags.READ_ONLY | cl.mem_flags.COPY_HOST_PTR, hostbuf=b)
mem_c = cl.Buffer(context, cl.mem_flags.WRITE_ONLY, c.nbytes)

program = cl.Program(context, src).build()

program.add(queue, a.shape, None, mem_a, mem_b, mem_c)

cl.enqueue_copy(queue, c, mem_c)

# by CPU
cc= np.zeros_like(c)
cc = a + b

#compare
print((c - cc).sum() == 0)
```

OpenCL を使用する最初の例ですので、流れを順に説明します。

4-1-1　プログラムの流れ

実際のコード説明に先立ち、プログラムの流れを説明します。

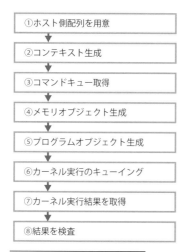

図4.2●プログラムの流れ

①ホスト側配列の用意

```
a = np.random.randint(0, 256, (size)).astype(np.int32)
b = np.random.randint(0, 256, (size)).astype(np.int32)
```

まず、numpyのndarray型であるaとbを割り付け、それに乱数を設定します。numpy.random.randintの仕様については本書の4-1-2項を参照してください。ここでは、int型で0から255の乱数を保持するnumpy.ndarrayをaとbに取得します。

```
c = np.empty_like(a)
```

次に、aと同じshapeとデータ型の初期化されていない（任意の）データのndarray型cを生成します。cへは、最後にカーネルで処理した結果を読み込みますので、領域を確保するだけで内容は任意です。OpenCLのカーネルへ渡す引数はnumpyの型でなければなりません。Pythonのarrayを渡すことはできませんので、numpyとPyOpenCLは対で使うと考えておくとよいでしょう。

②コンテキスト生成

```
context = cl.create_some_context(interactive=False)
```

　ホスト側のデータが用意できたのでOpenCLの準備を行います。まず、コンテキストを生成します。コンテキストには、カーネルを実行するデバイスを指定しなければなりません。create_some_contextの引数にinteractive=Falseを指定すると、複数のプラットフォームやデバイスが存在しても、システムがそれらを自動選択します。もし引数を指定しないと、どれを使用するか対話的に決定する必要があります。対話的（interactive）に決定する方がよい場合もありますので、適宜使い分けてください。デバイスを対話的に選択するプログラムは後述します。

　この処理はOpenCLのclCreateContext API（→本書4-1-4項）に対応します。

③コマンドキュー取得

```
queue = cl.CommandQueue(context)
```

　コンテキストを取得できたらコマンドキューを取得します。CommandQueueの形式は、pyopencl.CommandQueue(context, device=None, properties=None)です。propertiesは、command_queue_properties値で構成されるビットフィールドです。deviceがNoneの場合、コンテキスト内のデバイスの一つが実装定義で選択されます。この例では、選択を実装に任せるため、パラメタはコンテキストのみ指定します。

　この処理はOpenCLのclCreateCommandQueueWithProperties APIおよびclCreateCommandQueue API（→本書4-1-4項）に対応します。

④メモリオブジェクト（Buffer）生成

```
mem_a = cl.Buffer(context, cl.mem_flags.READ_ONLY | cl.mem_flags.COPY_HOST_PTR, hostbuf=a)
mem_b = cl.Buffer(context, cl.mem_flags.READ_ONLY | cl.mem_flags.COPY_HOST_PTR, hostbuf=b)
mem_c = cl.Buffer(context, cl.mem_flags.WRITE_ONLY, c.nbytes)
```

　メモリオブジェクトを生成します。メモリオブジェクトは、hostbufで指定された値で埋められます。この例では、mem_aとmem_bにそれぞれaとbの値がコピーされます。そして、フラグにCOPY_HOST_PTRを指定しているため、ホストからデバイスへの転送は自動で行われます。mem_cはカーネル（デバイス側）が書き込みますので領域の確保だけを行います。

　この処理はOpenCLのclCreateBuffer API（→本書4-1-4項）に対応します。

⑤プログラムオブジェクト生成

```
program = cl.Program(context, src).build()
```

プログラムオブジェクトの作成を行います。カーネルプログラムのソースコードは、文字列としてプログラム内に保持します。以降に、その文字列を示します。

```
src = '''
__kernel void add(
    __global const int* a,
    __global const int* b,
    __global int* c
)
{
    const int i = get_global_id(0);

    c[i] = a[i] + b[i];
}
'''
```

この処理は OpenCL の clCreateProgramWithSource API と clBuildProgram API（→本書 4-1-4 項）を合わせたものに対応します。

⑥カーネル実行のキューイング

```
program.add(queue, a.shape, None, mem_a, mem_b, mem_c)
```

第 1 引数がコマンドキューオブジェクト、第 2 引数がグローバルサイズを指定する整数のタプル、第 3 引数がローカルサイズを指定する整数のタプル、それ以降がカーネル関数の引数になります。引数の数は、カーネルプログラムの数によって変動します。この例では、三つの引数をカーネルに渡します。グローバルサイズは必ず指定しますが、ローカルサイズは指定せず None を渡すと、システムが自動的にグループを分割します。

この処理は OpenCL の clSetKernelArg API と clEnqueueNDRangeKernel API（→本書 4-1-4 項）を合わせたものに対応します。

⑦カーネルの実行結果を取得

```
cl.enqueue_copy(queue, c, mem_c)
```

カーネルで処理した結果を読み込みます。ホスト側の numpy.ndarray である c に結果が

読み込まれます。

この処理は OpenCL の clEnqueueReadBuffer API（→本書 4-1-4 項）に対応します。

⑧結果を検査

```
# by CPU
cc= np.zeros_like(c)
cc = a + b

#compare
print((c - cc).sum() == 0)
```

同じ処理を普通の Python で記述し、OpenCL で処理した結果と比較します。True が表示されれば正常です。False が表示された場合、何か間違っていますので調べてください。

4-1-2　numpy 関数の説明

本節で使用した numpy の、主要な関数を解説します。Numpy の説明は本書の主題ではありませんので、使用したものを簡単に解説するに留めます。

numpy.random.randint

書式

```
numpy.random.randint(low, high = None, size = None, dtype = 'l')
```

機能

指定された dtype の low から high − 1 までの乱数を整数で返します。high を省略した場合、0 から low − 1 までの乱数を返します。

引数

low：int

乱数分布の最小値(符号付きの)整数です。high が省略された場合、最大値 + 1 です。

high：int（オプション）

指定されている場合、乱数分布の最大値 + 1（符号付きの）整数です。

size：int または int のタプル（オプション）

出力の shape です。与えられた shape が (m, n, k) の場合、m × n × k 個のサンプ

ルが返されます。shape が指定されなかった場合は単一の値が返されます（デフォルト）。

dtype : dtype（オプション）

結果の dtype です。すべての dtype は名前で指定します。たとえば、'int64' や 'int' などです。デフォルト値は 'np.int' です。

戻り値

out : int または int の ndarray

乱数の ndarray、もしくは単一の値が返されます。どちらになるかは引数 size で決定されます。

numpy.empty_like

書式

```
numpy.empty_like(a, dtype = None, order = 'K', subok = True)
```

機能

指定された配列と同じ形状とタイプの新しい配列を返します。

引数

a : array_like

返される配列は、a の shape とデータ型です。

dtype : data-type（オプション）

結果のデータ型をオーバーライドします。

order : {'C', 'F', 'A', or 'K'}（オプション）

結果のメモリレイアウトをオーバーライドします。'C' は C オーダー、'F' は F オーダー、'A' は Fortran が連続している場合は 'F'、そうでない場合は 'C' を意味します。'K' は、できるだけ近くのレイアウトにマッチすることを意味します。

subok : bool（オプション）

True の場合、新しく作成された配列は 'a' のサブクラス型を使用します。そうでない場合は、ベースクラスの配列になります。デフォルトは True です。

戻り値

out : ndarray

a と同じ shape とデータ型の初期化されていない（任意の）データの配列です。

4-1-3 pyopencl の説明

本節で使用した pyopencl の主要なクラスやメソッドを簡単に解説します。体系的に記述すると長くなるので、正確性よりも分かりやすさを優先します。基本的に、OpenCL を理解していると想像できるものが多いです。

PyOpenCL のクラスやメソッドは OpenCL API に準拠しており、OpenCL 自体のバージョンアップによって変更されることがあります。そのため、詳細や最新の情報については PyOpenCL のドキュメントを参照してください。また、OpenCL API に目を通すこともおすすめします。

create_some_context

書式

```
pyopencl.create_some_context(interactive = True, answers = None, cache_dir = None)
```

機能

新しいコンテキストを作成します。

引数

- **interactive**　プラットフォームおよび/またはデバイスの複数の選択肢が存在する場合、本引数が True ならインタラクティブに、どのデバイスを選択するかをユーザーに問い合わせます。それ以外の場合、デバイスは実装定義の方法で選択されます。
- **cache_dir**　cache_dir が None でない場合は、すべてのビルドを cache_dir に指定したものを使用します。一般的には、指定する必要はないでしょう。

戻り値

有効なコンテキストです。

> デバイスに GPU を使用したい場合は、pyopencl.Context の引数に「dev_type=cl.device_type.GPU」を与えてください。なお、pyopencl.Context の引数にはプラットフォームも必要ですので、GPU を指定する際には、pyopencl.get_platforms でプラットフォームも指定してください。

4 はじめてのプログラム

CommandQueue

書式

```
pyopencl.CommandQueue(context, device = None, properties = None)
```

機能

新しいコマンドキューを作成します。

引数

context　　有効なコンテキストです。
device　　 本引数が None の場合、コンテキスト内のデバイスの一つが実装定義の方法で選択されます。
properties　プロパティは command_queue_properties 値からなるビットフィールドです。

戻り値

有効なコマンドキューです。

Buffer

書式

```
pyopencl.Buffer(context, flags, size = 0, hostbuf = None)
```

機能

バッファオブジェクトを作成します。実際のメモリ割り当ては延期されます。バッファオブジェクトはコンテキストに接続され、そのデバイスでバッファオブジェクトが使用されると、その時点でバッファオブジェクトはデバイスに移動されます。

引数

context　有効なコンテキストです。
flags　　clCreateBuffer API の flags を参照してください。フラグの CL_ を省いた、ALLOC_HOST_PTR、COPY_HOST_PTR、HOST_NO_ACCESS、HOST_READ_ONLY、HOST_WRITE_ONLY などを指定します。詳細は mem_flags クラスを参照してください。

| size | 0が指定され、hostbufが指定されていた場合、指定されたバッファのサイズが適用されます。 |
| hostbuf | ホスト側のバッファです。この引数が指定されていない場合、sizeに指定したバッファオブジェクトが割り付けられます。 |

戻り値

有効なバッファオブジェクトです。

Program

書式

```
pyopencl.Program(context, src)
```

機能

プログラムオブジェクトを生成します。

引数

| context | 有効なコンテキストです。 |
| src | OpenCL C で記述したカーネルソースです。 |

戻り値

有効なプログラムオブジェクトです。

Program.build

書式

```
build(options=[], devices=None, cache_dir=None)
```

機能

プログラムオブジェクトをビルドします。

引数

options	コンパイルオプションを文字列で与えます。
device	コンテキスト内の対象デバイスです。
cache_dir	None でない場合、ビルドされたバイナリは指定されたパスにキャッ

シュされます。渡された cache_dir が None の場合、このプログラム
のコンテキストは not-None cache_dir で作成されます。環境変数の
PYOPENCL_NO_CACHE を空でない値に変更すると、このキャッシングは抑
制されます。一般的には、何も指定する必要はないでしょう。詳細につ
いては PyOpenCL の仕様書を参照してください。

戻り値

ビルドされたプログラムオブジェクトです。

Program. カーネル名

書式

```
カーネル名(queue, global_size, local_size, *args, global_offset=None,
          wait_for=None, g_times_l=False)
```

機能

カーネル実行をキューイングします。いくつの API を合わせたようなものです。
OpenCL API と対応をとるなら、カーネルオブジェクトの取得や引数の設定、カーネル
呼び出しなどを別々のメソッドを使うとよいのでしょうが、それでは Python を使用す
る意味が薄れてしまいます。

引数

queue	有効なコマンドキューです。
global_size	各次元のグローバルワークアイテム数を指定します。
local_size	各次元のローカルワークアイテム数を指定します。
*args	カーネルに渡す引数を指定します。
global_offset	ワークアイテム ID を算出するときのオフセット値です。None を指定すると 0 が使われます。
wait_for	このコマンドが実行される前に完了していなければならないイベントリストを指定します。本引数に指定したイベントが完了しないかぎり、本カーネルは実行されません。つまり、ほかのイベントと同期させたいときに使用します。
g_times_l	本引数が設定された場合、global_size は local_size で乗算された値になります（Nvidia CUDA で採用されたような動作）。この場合、

global_size と local_size の次元数は同じである必要はありません。

戻り値

イベントオブジェクトです。

enqueue_copy

書式

```
pyopencl.enqueue_copy(queue, dest, src, **kwargs)
```

機能

イメージオブジェクト、バッファオブジェクトをホストからデバイス、あるいはデバイスからホストへ転送します（注：ホスト間転送はサポートされていません）。

引数

queue　　　有効なコマンドキューです。
dest　　　　転送先です。
src　　　　　転送元です。
**kwargs　　以下のキーワードを利用できます。
　　　　　　wait_for：オプション、デフォルトは空です。
　　　　　　is_blocking：完了を待ちます。デフォルトは True です（ホストメモリを含む任意のコピーで使用可能）。

戻り値

転送にホスト側バッファが含まれている場合は NannyEvent、それ以外の場合は Event です。

4-1-4 OpenCL API の説明

以降に、本節で使用した pyopencl の関数に対応する主要な OpenCL API を説明します。

clCreateContext

コンテキストを生成します。この API は pyopencl.create_some_context と対応します。

書式

```
cl_context clCreateContext (
    const cl_context_properties  *properties,
    cl_uint                      num_devices,
    const cl_device_id           *devices,
    void (CL_CALLBACK *pfn_notify) (const char  *errinfo,
                                    const void  *private_info,
                                    size_t      cb,
                                    void        *user_data),
    void                         *user_data,
    cl_int                       *errcode_ret )
```

引数

properties　プロパティ名と、それに対応する値のリストを指定します。プロパティ名の直後に対応する値が続きます。リストは 0 で終端します。properties 引数に NULL を指定すると、どのプラットフォームが選択されるかは実装依存です。

num_devices　devices 引数に渡したデバイスの数を指定します。

devices　clGetDeviceIDs あるいは clCreateSubDevices で取得したユニークなデバイス ID、あるいはサブデバイス ID のリストを指すポインタを指定します。

pfn_notify　コールバック関数を指定します。このコールバック関数は、コンテキスト内で発生したエラー情報を通知するために使用されます。コールバック関数は非同期的に呼び出されますので、スレッドセーフに実装してください。本引数が NULL のとき、コールバック関数は登録されません。本コールバック関数に対する引数を示します。

　　errinfo：エラー文字列に対するポインタです。

	private_info：エラーをデバッグする際に有用となる付加的情報へのポインタです。内容はバイナリデータです。 cb：private_info 引数のサイズが格納されます。 user_data：ユーザーが与えたデータへのポインタです。
user_data	pfn_notify コールバック関数が呼び出されたときに、コールバックの user_data 引数に渡されます。NULL を指定することもできます。
errcode_ret	適切なエラーコードを返します。NULL を指定するとエラーコードは返されません。 成功：CL_SUCCESS 失敗：CL_INVALID_PLATFORM、CL_INVALID_PROPERTY、CL_INVALID_VALUE、CL_INVALID_DEVICE、CL_DEVICE_NOT_AVAILABLE、CL_OUT_OF_RESOURCES、CL_OUT_OF_HOST_MEMORY など。 通常は !=CL_SUCCESS で判断する。

返却値

コンテキストの生成に成功すると、有効なコンテキストを返します。そうでない場合は NULL を返します。NULL が返った場合、errcode_ret を参照するとエラーの原因を推察することができます。

clCreateCommandQueueWithProperties

指定したデバイスのコマンドキューを生成します。この API は pyopencl.CommandQueue と対応します。

書式

```
cl_command_queue clCreateCommandQueue (
    cl_context              context,
    cl_device_id            device,
    const cl_queue_properties  *properties,
    cl_int                  *errcode_ret )
```

引数

context	有効なコンテキストを指定します。
device	対象とするデバイス ID を指定します。デバイスは コンテキストと関連付けられたものでなければなりません。指定するデバイスは、

	clCreateContext で指定したデバイスリスト内のデバイス、あるいは clCreateContextFromType API を利用して コンテキストを作成したときに指定したデバイスタイプと同じデバイスタイプの、どちらでも指定できます。
properties	コマンドキューのプロパティと対応する値のリストを指定します。各プロパティ名の直後には、対応する目的の値が続きます。リストは 0 で終了します。サポートされているプロパティのリストを表 4.1 に示します。サポートされているプロパティとその値がプロパティで指定されていない場合、そのデフォルト値が使用されます。プロパティは NULL にすることができます。この場合、サポートされているコマンドキュープロパティのデフォルト値が使用されます。
errcode_ret	適切なエラーコードを返します。NULL を指定すると、エラーコードは返されません。 　　成功：CL_SUCCESS 　　失敗：CL_INVALID_CONTEXT、CL_INVALID_DEVICE、CL_INVALID_VALUE、CL_INVALID_QUEUE_PROPERTIES、CL_OUT_OF_RESOURCES、CL_OUT_OF_HOST_MEMORY など。 　　通常は !=CL_SUCCESS で判断する。

表4.1 ● サポートされているコマンドキューのプロパティ

Queue Properties	Property Value	説明
CL_QUEUE_PROPERTIES	cl_command_queue_properties	これはビットフィールドで、以降に示す値の組み合わせで設定します。 **CL_QUEUE_OUT_OF_ORDER_EXEC_MODE_ENABLE:** コマンドキュー内にキューイングされたコマンドを指定順（イン・オーダー）、または順不同（アウト・オブ・オーダー）で実行するか決定します。CL_QUEUE_OUT_OF_ORDER_EXEC_MODE_ENABLE が設定されている場合、コマンドキュー内のコマンドは順不同で実行されます。それ以外の場合は、コマンドが順番に実行されます。 **CL_QUEUE_PROFILING_ENABLE:** コマンドキュー内のコマンドのプロファイリングを有効または無効にします。これを設定すると、コマンドのプロファイリングが有効になります。それ以外の場合、コマンドのプロファイリングは無効になります。 **CL_QUEUE_ON_DEVICE:** デバイスキューであることを示します。CL_QUEUE_ON_DEVICE が設定されている場合は、CL_QUEUE_OUT_OF_ORDER_EXEC_MODE_ENABLE も設定する必要があります。 **CL_QUEUE_ON_DEVICE_DEFAULT:** デフォルトのデバイスキューであることを示します。これは CL_QUEUE_ON_DEVICE でのみ使用できます。 CL_QUEUE_PROPERTIES が指定されていない場合は、指定されたデバイスに対してインオーダー・ホスト・コマンド・キューが作成されます。
CL_QUEUE_SIZE	cl_uint	デバイスキューのサイズをバイト単位で指定します。 CL_QUEUE_ON_DEVICE が CL_QUEUE_PROPERTIES に設定されている場合にのみ指定できます。この値は CL_DEVICE_QUEUE_ON_DEVICE_MAX_SIZE 以下の値でなければなりません。 最高のパフォーマンスを得るには、CL_DEVICE_QUEUE_ON_DEVICE_PREFERRED_SIZE 以下の値にする必要があります。 CL_QUEUE_SIZE が指定されていない場合、デバイスキューは CL_DEVICE_QUEUE_ON_DEVICE_PREFERRED_SIZE のサイズで作成されます。

返却値

コマンドキューの作成が成功すると、有効なコマンドキューを返します。そうでない場合は NULL を返します。NULL が帰った場合、errcode_ret を参照するとエラーの原因を推察することができます。

clCreateCommandQueue

指定したデバイスのコマンドキューを生成します。異なるのは関数名と第3引数です。この API は pyopencl.CommandQueue と対応します。

OpenCL 1.2 までのコマンドキューを生成

OpenCL 1.2 までは、デバイスキューの生成に clCreateCommandQueue API を使用しました。OpenCL 2.0 から、この API は clCreateCommandQueueWithProperties へ変更されました。以降に、OpenCL 1.2 で使用していた clCreateCommandQueue API を示します。こちらの API が pyopencl.CommandQueue へ近い可能性が高いです。

書式

```
cl_command_queue clCreateCommandQueue (
    cl_context                  context,
    cl_device_id                device,
    cl_command_queue_properties properties,
    cl_int                      *errcode_ret )
```

引数

context　　　　clCreateCommandQueueWithProperties と同様です。
device　　　　 clCreateCommandQueueWithProperties と同様です。
properties　　clCreateCommandQueueWithProperties と異なり、コマンドキューのプロパティを指定するビットフィールドです。有効な値を表 4.2 に示します。
errcode_ret　 clCreateCommandQueueWithProperties と同様です。

表4.2●引数propertiesの有効な値

cl_command_queue_properties	意味
CL_QUEUE_OUT_OF_ORDER_EXEC_MODE_ENABLE	このプロパティを設定すると、コマンドキュー内のコマンドはアウトオブオーダー（順不同）で実行されます。そうでないときはインオーダー（順序通り）で実行されます。
CL_QUEUE_PROFILING_ENABLE	このプロパティを設定すると、コマンドのプロファイリングが有効になります。そうでない場合、プロファイリングは無効です。

返却値

clCreateCommandQueueWithProperties と同様です。

clCreateBuffer

メモリオブジェクトを生成します。この API は pyopencl.Buffer と対応します。

書式

```
cl_mem clCreateBuffer (
    cl_context      context,
    cl_mem_flags    flags,
    size_t          size,
    void            *host_ptr,
    cl_int          *errcode_ret )
```

引数

context　　　有効なコンテキストを指定します。

flags　　　　メモリオブジェクトを確保するのに使用されるメモリ領域やバッファオブジェクトがどのように使われるかを示すビットフィールドです。値を表 4.3 に示します。

size　　　　バッファオブジェクトのサイズをバイトで指定します。

host_ptr　　確保済みのバッファを指すポインタです。host_ptr 引数が指すバッファのサイズは size 引数以上の値でなければなりません。

errcode_ret　適切なエラーコードを返します。NULL を指定すると、エラーコードは返されません。
　　　　　　成功：CL_SUCCESS
　　　　　　失敗：CL_INVALID_CONTEXT、CL_INVALID_VALUE、CL_INVALID_BUFFER_SIZE、CL_INVALID_HOST_PTR、CL_MEM_OBJECT_ALLOCATION_FAILURE、CL_OUT_OF_RESOURCES など。
　　　　　　通常は !=CL_SUCCESS で判断する。

表4.3 ● 引数flagsの有効な値

cl_mem_flags	意味
CL_MEM_READ_WRITE	メモリオブジェクトはカーネルによって読み書きされます。これがデフォルトです。
CL_MEM_WRITE_ONLY	メモリオブジェクトはカーネルから書き込みだけ行われます。読み込まれることはありません。CL_MEM_WRITE_ONLY を指定して作成したバッファオブジェクトやイメージオブジェクトを、カーネルが読み込んだ場合、何が起きるかは未定義です。CL_MEM_READ_WRITE と CL_MEM_WRITE_ONLY は排他的な関係です。同時に指定することはできません。

cl_mem_flags	意味
CL_MEM_READ_ONLY	メモリオブジェクトはカーネルから読み込みだけ行われます。書き込まれることはありません。CL_MEM_READ_ONLY を指定して作成したバッファオブジェクトやイメージオブジェクトへ、カーネルが書き込んだ場合、何が起きるかは未定義です。 CL_MEM_READ_WRITE や CL_MEM_WRITE_ONLY と CL_MEM_READ_ONLY は排他的な関係です。同時に指定することはできません。
CL_MEM_USE_HOST_PTR	このフラグは、host_ptr が NULL でないときのみ有効です。このフラグは、アプリケーションが OpenCL 実装に対して、host_ptr が指すメモリをメモリオブジェクトとして使用するよう要求します。OpenCL は、host_ptr が指す領域に保存されているバッファの内容をデバイスメモリにキャッシュでき、キャッシュの複製は、カーネルを実行する際に用いることができます。同じ host_ptr あるいはオーバーラップする領域に対して作成されたバッファオブジェクトに対して操作を行う OpenCL コマンドの結果は未定義です。 なお、CL_MEM_USE_HOST_PTR を指定する場合、メモリのアライメントに関し制限があります。
CL_MEM_ALLOC_HOST_PTR	このフラグは、ホストがアクセス可能なメモリ領域からメモリを確保するよう求めていることを意味します。 CL_MEM_ALLOC_HOST_PTR と CL_MEM_USE_HOST_PTR は排他的な関係です。同時に指定することはできません。
CL_MEM_COPY_HOST_PTR	このフラグは、host_ptr が NULL でないときのみ有効です。このフラグは、メモリオブジェクトのメモリを確保し host_ptr が指すメモリからデータをコピーすることを要求します。 CL_MEM_COPY_HOST_PTR と CL_MEM_USE_HOST_PTR は相互に排他的です。CL_MEM_COPY_HOST_PTR は CL_MEM_ALLOC_HOST_PTR と一緒に指定して、ホストがアクセス可能なメモリに確保した cl_mem オブジェクトの内容を初期化できます。
CL_MEM_HOST_WRITE_ONLY	このフラグは、ホストが書き込みだけできることを指示します。これによって、ホストからの書き込みが最適化されます。
CL_MEM_HOST_READ_ONLY	このフラグは、ホストが読み込みだけできることを指示します。CL_MEM_HOST_WRITE_ONLY と CL_MEM_HOST_READ_ONLY は排他的な関係です。同時に指定することはできません。
CL_MEM_HOST_NO_ACCESS	このフラグは、ホストがメモリオブジェクトを、読み込みも書き込みも行わないことを指示します。 CL_MEM_HOST_WRITE_ONLY や CL_MEM_HOST_READ_ONLY は CL_MEM_HOST_NO_ACCESS と排他的な関係です。同時に指定することはできません。

返却値

バッファオブジェクトの生成に成功すると、有効なバッファオブジェクトを返します。そうでない場合は NULL を返します。NULL が返った場合、errcode_ret を参照すると

エラーの原因を推察することができます。

clCreateProgramWithSource

指定のコンテキストに、ソースコードからプログラムオブジェクトを作成します。この API は、pyopencl.Program と対応します。

書式

```
cl_program clCreateProgramWithSource(
    cl_context      context,
    cl_uint         count,
    const char      **strings,
    const size_t    *lengths,
    cl_int          *errcode_ret )
```

引数

context　　　　有効なコンテキストを指定します。

count　　　　　lengths 引数に格納される配列数を指定します。

strings　　　　count 個のポインタを要素に持つ配列を指定します。各ソースコードの文字列が NULL 文字終端になっているかどうかは任意です。

lengths　　　　strings 配列内の各文字列の文字数を指定する配列です。lengths 引数のある要素が 0 のとき、対応するソースコードは NULL 文字終端になっているものとみなされます。lengths 引数が NULL のとき、strings 引数内のすべての文字列が NULL 文字終端になっているものとみなします。この配列に含まれる各値は、終端文字を除いた長さを指定します。

errcode_ret　　適切なエラーコードを返します。NULL を指定すると、エラーコードは返されません。
　　　　　　　　成功：CL_SUCCESS
　　　　　　　　失　敗：CL_INVALID_CONTEXT、CL_INVALID_VALUE、CL_OUT_OF_RESOURCES など。
　　　　　　　　通常は !=CL_SUCCESS で判断する。

返却値

プログラムオブジェクトの生成に成功すると、有効なプログラムオブジェクトを返します。そうでない場合は NULL を返します。NULL が返った場合、errcode_ret を参照

するとエラーの原因を推察することができます。

clBuildProgram

　コンテキスト内でプログラムオブジェクトと関連付けられたデバイス用のプログラムを、ソースコードあるいはバイナリからビルド（コンパイルとリンク）します。引数に指定するprogramはclCreateProgramWithSourceあるいはclCreateProgramWithBinaryを呼び出して生成したものでなければなりません。このAPIは、pyopencl.Program.buildと対応します。

書式

```
cl_int clBuildProgram (
    cl_program          program,
    cl_uint             num_devices,
    const cl_device_id  *device_list,
    const char          *options,
    void (CL_CALLBACK *pfn_notify) ( cl_program  program,
                                     void        *user_data ),
    void                *user_data )
```

引数

program　　　　プログラムオブジェクトを指定します。

num_devices　　device_list引数に含まれるデバイスの数を指定します。

device_list　　program引数と関連付けられたデバイスリストへのポインタを指定します。NULLが指定された場合、program引数と関連付けられたすべてのデバイス用のプログラムがビルドされます。NULLでない場合、このリストで指定されたデバイス用の実行可能プログラムがビルドされます。

options　　　　実行可能プログラムをビルドする際に適用するビルドオプションを指定します。オプションはNULLで終端された文字列です。

pfn_notify　　コールバック関数を指定します。実行可能プログラムがビルドされたときに、登録した関数が成功失敗に関わらず呼び出されます。この引数がNULLでないとき、本APIはプログラムのビルド完了を待つことなく、すぐに制御を戻します。本引数がNULLの場合は、ビルドが完了するまで制御を戻しません。コールバック関数は非同期的に呼び出され

ますので、スレッドセーフに実装してください。NULL のとき、コールバック関数は登録されません。以降に、本コールバック関数に対する引数を示します。

  program：プログラムオブジェクトです。

  user_data：ユーザーが与えたデータへのポインタです。

user_data pfn_notify コールバック関数が呼び出されたときに、コールバックの user_data 引数として渡されます。NULL を指定することもできます。

返却値

成功：CL_SUCCESS

失敗：CL_INVALID_PROGRAM、CL_INVALID_VALUE、CL_INVALID_DEVICE、CL_INVALID_BINARY、CL_INVALID_BUILD_OPTIONS、CL_INVALID_OPERATION、CL_COMPILER_NOT_AVAILABLE、CL_DEVICE_COMPILER_AVAILABLE、CL_BUILD_PROGRAM_FAILURE、CL_OUT_OF_RESOURCES、CL_OUT_OF_HOST_MEMORY など。

通常は !=CL_SUCCESS で判断する。

clSetKernelArg

カーネルに渡す引数を設定します。この API は、pyopencl.Program.Program. カーネル名、および pyopencl.Kernel.set_arg と対応します。

書式

```
cl_int clSetKernelArg (
    cl_kernel    kernel,
    cl_uint      arg_index,
    size_t       arg_size,
    const void   *arg_value )
```

引数

kernel カーネルオブジェクトを指定します。

arg_index 引数のインデックスを指定します。カーネルの引数が n 個ある場合、最初の引数を 0 として始まる n − 1 までのインデックスでカーネルの引数を識別させます。例えば、カーネルのコードが次のように記述されているとするならば、引数のインデックスは A が 0、B が 1、C が 2 です。

```
__kernel void
add(__global const float *A,
    __global const float *B,
    __global float *C)
{
    *C=*A+*B;
}
```

arg_size	引数のサイズを指定します。`__local`修飾子付で宣言された引数については、指定したサイズは、`__local`引数のために確保しなければならないバッファのサイズです。
arg_value	引数に引数値として渡したいデータへのポインタを指定します。arg_value引数を指す、もしくはそれが指す引数データは複製され、関数から制御が返った後は、アプリケーションはarg_valueポインタを再利用できます。あるいは、本APIを呼び出したあとに、arg_value引数が指す引数データを更新してからカーネルを起動しても、引数の値は本APIを呼び出したときの値です。指定した引数値は、本APIを呼び出して引数値を変更するまで、すべてのカーネル実行要求API（clEnqueueNDRangeKernelおよびclEnqueueTask）の呼び出しで利用されます。引数がメモリオブジェクトであるときにはオブジェクトへのポインタを指定します。

返却値

成功：CL_SUCCESS

失敗：CL_INVALID_KERNEL、CL_INVALID_ARG_INDEX、CL_INVALID_MEM_OBJECT、
　　　CL_INVALID_SAMPLER、CL_INVALID_ARG_SIZE、CL_INVALID_ARG_VALUE、
　　　CL_OUT_OF_RESOURCES、CL_OUT_OF_HOST_MEMORY など。

通常は！=CL_SUCCESS で判断する。

clEnqueueNDRangeKernel

カーネルを実行するコマンドをキューイングします。この API は、pyopencl.Program.Program. カーネル名、および pyopencl.enqueue_nd_range_kernel と対応します。

書式

```
cl_int clEnqueueNDRangeKernel (
    cl_command_queue    command_queue,
    cl_kernel           kernel,
    cl_uint             work_dim,
    const size_t        *global_work_offset,
    const size_t        *global_work_size,
    const size_t        *local_work_size,
    cl_uint             num_events_in_wait_list,
    const cl_event      *event_wait_list,
    cl_event            *event )
```

引数

command_queue	有効なコマンドキューを指定します。
kernel	有効なカーネルオブジェクトを指定します。
work_dim	ワークアイテムの次元数を指定します。
global_work_offset	ワークアイテム ID を算出するときのオフセット値です。NULL を指定すると 0 が使われます。
global_work_size	各次元のグローバルワークアイテム数を指定します。
local_work_size	各次元のローカルワークアイテム数を指定します。
num_events_in_wait_list	event_wait_list 引数で指定したイベントオブジェクトの数を指定します。
event_wait_list	このコマンドが実行される前に完了していなければならないイベントを指定します。本引数が NULL のとき、num_events_in_wait_list 引数は 0 でなければなりません。本引数に指定したイベントが完了しないかぎり、本カーネルは実行されません。つまり、ほかのイベントと同期させたいときに使用します。
event	このカーネル実行を識別するイベントオブジェクトが返されます。本引数が NULL のとき、このカーネル実行に関するイベントは作成されません。

返却値

成功：CL_SUCCESS

失敗：CL_INVALID_PROGRAM_EXECUTABLE、CL_INVALID_COMMAND_QUEUE、CL_INVALID_KERNEL、CL_INVALID_CONTEXT、CL_INVALID_KERNEL_ARGS、CL_INVALID_WORK_DIMENSION、CL_INVALID_GLOBAL_WORK_SIZE、CL_INVALID_GLOBAL_OFFSET、CL_INVALID_WORK_GROUP_SIZE、CL_DEVICE_MAX_WORK_GROUP_SIZE、CL_INVALID_WORK_ITEM_SIZE、CL_MISALIGNED_SUB_BUFFER_OFFSET、CL_INVALID_IMAGE_SIZE、CL_IMAGE_FORMAT_NOT_SUPPORTED、CL_OUT_OF_RESOURCES、CL_MEM_OBJECT_ALLOCATION_FAILURE、CL_INVALID_EVENT_WAIT_LIST、CL_OUT_OF_RESOURCES、CL_OUT_OF_HOST_MEMORY など。

通常は !=CL_SUCCESS で判断する。

OpenCL 2.0 以降のタスク並列

OpenCL 1.2 までは、タスク配列を使用したい場合、clEnqueueTask API を使用しました。OpenCL 2.0 から、この API は廃止され、clEnqueueNDRangeKernel API を使用します。clEnqueueTask は、work_dim を 1、global_work_offset を NULL、global_work_size [0] を 1、local_work_size [0] を 1 に設定して clEnqueueNDRangeKernel を呼び出すのと同じです。OpenCL 2.0 でタスク並列を使用したい場合、上記の引数を指定して、clEnqueueNDRangeKernel API を使用します。

clEnqueueReadBuffer

バッファオブジェクトからホストメモリへ読み込むためのコマンドをキューイングします。この API は、pyopencl.Program.enqueue_copy と対応します。

書式

```
cl_int clEnqueueReadBuffer (
    cl_command_queue    command_queue,
    cl_mem              buffer,
    cl_bool             blocking_read,
    size_t              offset,
    size_t              size,
    void                *ptr,
    cl_uint             num_events_in_wait_list,
    const cl_event      *event_wait_list,
    cl_event            *event )
```

引数

command_queue	有効なコマンドキューを指定します。
buffer	有効なバッファオブジェクトを指定します。
blocking_read	非同期読み込みを行うか、同期読み込みを行うかを指定します。同期読み込みを行いたい場合は CL_TRUE を、非同期読み込みを行いたい場合は CL_FALSE を指定します。CL_TRUE を指定すると、バッファがホストメモリに読み込まれるまで本 API は制御を戻しません。CL_FALSE を指定した場合、バッファの読み込みが完了していなくても制御が戻りますので、バッファの内容が更新されているとはかぎりません。非同期読み込みを行う場合、イベントを取得し本 API が完了しているかイベントをチェックする必要があります。
offset	バッファオブジェクトから読み取るオフセット(バイト単位)を指定します。
size	バッファオブジェクトから読み取るデータのサイズ(バイト単位)を指定します。
ptr	データを読み込むホストメモリのポインタを指定します。
num_events_in_wait_list	event_wait_list で指定したイベントオブジェクトの数を指定します。
event_wait_list	このコマンドが実行される前に完了していなければならないイベントを指定します。本引数が NULL のとき、num_events_in_wait_list 引数は 0 でなければなりません。本引数に指定したイベントが完了しないかぎり、本コマンドは実行されません。つまり、ほかのイベントと同期させたいときに使用します。
event	このカーネル実行を識別するイベントオブジェクトが返されます。本引数が NULL のとき、このカーネル実行に関するイベントは作成されません。

返却値

成功:CL_SUCCESS

失敗:CL_INVALID_COMMAND_QUEUE、CL_INVALID_CONTEXT、CL_INVALID_
    MEM_OBJECT、CL_INVALID_VALUE、CL_INVALID_EVENT_WAIT_LIST、CL_

MISALIGNED_SUB_BUFFER_OFFSET、CL_EXEC_STATUS_ERROR_FOR_EVENTS_IN_WAIT_LIST、CL_MEM_OBJECT_ALLOCATION_FAILURE、CL_INVALID_OPERATION、CL_OUT_OF_RESOURCES、CL_OUT_OF_HOST_MEMORY など。

通常は !=CL_SUCCESS で判断する。

4-2 行列の積

本節で開発するプログラムは、行列の積を求めるプログラムです。まず、何を行うかを簡単に解説します。以降に示すような $n \times m$ 行列 a と $m \times p$ 行列 b の積を求めます。

$$a = \begin{pmatrix} a_{11} & a_{12} & \cdots & a_{1m} \\ a_{21} & a_{22} & \cdots & a_{2m} \\ \vdots & \vdots & \ddots & \vdots \\ a_{n1} & a_{n2} & \cdots & a_{nm} \end{pmatrix}, b = \begin{pmatrix} b_{11} & b_{12} & \cdots & b_{1p} \\ b_{21} & b_{22} & \cdots & b_{2p} \\ \vdots & \vdots & \ddots & \vdots \\ b_{m1} & b_{m2} & \cdots & b_{mp} \end{pmatrix}$$

これらの積を c に求めるには、

$$c_{ij} = \sum_{k=1}^{m} a_{ik} \cdot b_{kj}$$

を行います。行列 c を以降に示します。

$$c = a \cdot b = \begin{pmatrix} c_{11} & c_{12} & \cdots & c_{1p} \\ c_{21} & c_{22} & \cdots & c_{2p} \\ \vdots & \vdots & \ddots & \vdots \\ c_{n1} & c_{n2} & \cdots & c_{np} \end{pmatrix}$$

上記を Python で記述したコードを示します。簡略化するため、行列 c、b ともに $n \times n$ とします。なお、行列の要素の添え字は 1 から始まりますが、以下のコードでは 0 から始まります。それを意識してコードを参照してください。行列の積は演算量が多いので、n に大きな値を与えると長時間待たされる場合があります。

リスト4.2 ● 04_beginOcl/mul.py

```
import numpy as np

n = 100
a = np.random.randint(0, 256, (n,n)).astype(np.int32)
b = np.random.randint(0, 256, (n,n)).astype(np.int32)
c = np.empty_like(a)

for i in range(n):
    for j in range(n):
        for k in range(n):
            c[i, j] += a[i, k] * b[k, j]
print(a)
print(b)
print(c)
```

コードだけでは分かりにくいので図を使って示します。

$$c_{ij} = \sum_{k=1}^{m} a_{ik} \cdot b_{kj}$$

を純粋に求めます。先のコードが参照する行列の様子を次に示します。行列 *c* の丸い要素を求めるのに、行列 *a* と *b* の参照される要素と、その参照順を図に示します。

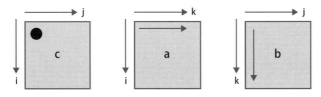

図4.3 ● 行列の参照される要素とその順番

参照される要素の関係を分かりやすくしたものを、以降に示します。

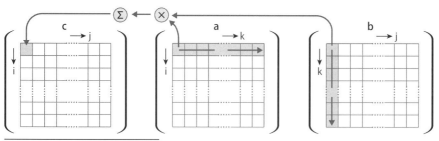

図4.4●参照される要素の関係

実行結果を示します。

実行結果

```
[[136 222  44 ..., 181  77  95]
 [174 123  93 ...,  79  43 222]
 [188  36  19 ..., 155 249 247]
(途中省略)
 [245 148  49 ..., 202 155 140]
 [ 85 218 206 ...,  28  48 137]
 [211  45  60 ..., 215  29  90]]
[[154  91 191 ..., 213 122 200]
 [255 140  34 ..., 248  89  57]
 [221 152   5 ..., 201  77 212]
(途中省略)
 [ 85 176  79 ..., 134 193  34]
 [ 11 224 185 ...,   7 239 251]
 [ 40 194 178 ...,  13 159 167]]
[[1116118022    1661933 1261800301 ...,    1744957    1694335    1881655]
 [    1495597    1531728    1561416 ...,    1577446    1494518    1641227]
 [    1505401    1522687    1704578 ...,    1694069    1661283    1809374]
(途中省略)
 [    1665280    1691648    1731174 ...,    1750317    1702073    1923439]
 [    1677928    1628354    1562631 ...,    1666626    1611041    1797174]
 [    1432437    1444341    1568846 ...,    1576295    1460613    1584144]]
```

4-2-1 OpenCL化

このプログラムを普通にOpenCL化したプログラムを次に示します。

リスト4.3 ● 04_beginOcl/mulCL.py

```python
import pyopencl as cl
import numpy as np

src = '''
__kernel void mul(
    __global const int* a,
    __global const int* b,
    __global int* c,
    const int n
)
{
    const int i = get_global_id(0);
    const int j = get_global_id(1);
    const int ij = j * n + i;

    c[ij] = 0;
    for(int k = 0; k < n; k++)
    {
        c[ij] += a[j * n + k] * b[k * n + i];
    }
}
'''

n = 100
a = np.random.randint(0, 256, (n, n)).astype(np.int32)
b = np.random.randint(0, 256, (n, n)).astype(np.int32)
c = np.empty_like(a)

context = cl.create_some_context(interactive=False)
queue = cl.CommandQueue(context)

mem_a = cl.Buffer(context, cl.mem_flags.READ_ONLY | cl.mem_flags.COPY_HOST_PTR, hostbuf=a)
mem_b = cl.Buffer(context, cl.mem_flags.READ_ONLY | cl.mem_flags.COPY_HOST_PTR, hostbuf=b)
mem_c = cl.Buffer(context, cl.mem_flags.WRITE_ONLY, c.nbytes)
n_np = np.int32(n) # to pass a scalar value to a kernel func. use the type of numpy

program = cl.Program(context, src).build()

program.mul(queue, a.shape, None, mem_a, mem_b, mem_c, n_np)

cl.enqueue_copy(queue, c, mem_c)

print (np.all(np.dot(a, b) == c))
```

まず、numpy の行列（二次元配列）a と b を割り付け、それに乱数を設定します。ここでは、int 型で 0 から 255 の乱数を保持する numpy.ndarray 型の a と b に取得します。

次に、a と同じ shape とデータ型の初期化されていない（任意の）データの行列（二次元配列）c を生成します。c へは、最後にカーネルで処理した結果をコピーしますので、領域を確保するだけで内容は任意です。

コンテキストの生成、コマンドキューの取得、メモリオブジェクト（Buffer）生成も、先のプログラムと同様です。このプログラムは、行列の大きさをカーネルに渡しますので、numpy.int32 型である n に行列の行数（= 列数）を設定します。カーネルに渡す引数は numpy でなければなりませんので、n をそのままカーネルへ渡すことはできません。このため、n を numpy 型へ変換した n_np を渡します。

プログラムオブジェクトの生成、カーネル実行のキューイング、およびカーネルの実行結果の取得も先のプログラムと同様です。結果の検査は、カーネルが処理した結果と、Python の積を求める dot メソッドで得た値を比較します。これでは、結果が ndarray の各要素に格納されるため、numpy.all ですべての要素が True であるかチェックします。つまり、True が表示されればプログラムは正常、False が表示されれば、Python で普通に得た積と pyopencl で得た積に差異があることを表します。

さて、カーネルが何を行っているか説明しましょう。カーネルは、先のプログラムの一番内側の for ループを処理します。

```
for i in range(n):
    for j in range(n):
        for k in range(n):
            c[i, j] += a[i, k] * b[k, j]
```

網掛けの部分を、カーネルの mul へ移動します。以降に、カーネル部分のみを抜き出したソースリストを示します。

```
__kernel void mul(
    __global const int* a,
    __global const int* b,
    __global int* c,
    const int n
)
{
    const int i = get_global_id(0);
    const int j = get_global_id(1);
    const int ij = j * n + i;
```

```
    c[ij] = 0;
    for(int k = 0; k < n; k++)
    {
        c[ij] += a[j * n + k] * b[k * n + i];
    }
}
```

　aとbは入力の行列です。結果をcへ格納します。行列の積を求めますが、行と列を同じ数にしたため、両方をnで受け取ります。このような正方行列の場合、nを受け取らず、get_global_size(0)を使用し、カーネル呼び出しのグローバルサイズを使用するのもよいでしょう。そのような例は後述します。本例では正方行列のため、行と列を無頓着に扱っています。正方行列でない場合は、iやjがどちらを指しているか正確に意識する必要があります。後述する例で、行と列を正確に意識しているものを紹介します。

4-3　カーネルプログラムを分離

　本節では、ホストプログラムとカーネルプログラムを別々のファイルに分離する方法について説明します。カーネルソースをホストプログラムから分離すると、カーネルプログラムが読みやすくなります。かつ、同じホストプログラムに異なるカーネルを与えることができるため柔軟性が増します。以降に、カーネルソースをホストプログラムから分離したときの、プログラム実行の概念を示します。

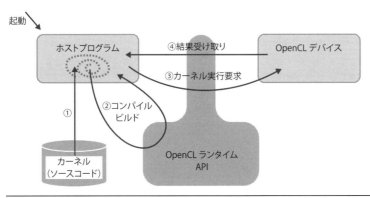

図4.5●カーネルソースをホストプログラムから分離したときのプログラム実行の概念

これまでのプログラムは、カーネルソースをホストプログラムに文字リテラルとして保持していました。ここでは、実行時にカーネルソースをファイルから読み込む方法を紹介します。

プログラムの内容は先のプログラムとほとんど同じで、単にカーネルソースを外部ファイルに分離するだけです。カーネルのソースコードを別ファイルに分離しましたので、ホスト側のプログラムとデバイス側のソース（= カーネル）の二つが必要です。以降に、両方のソースリストを示します。

リスト4.4●04_beginOcl/mulCLFile.py（ホストプログラム）

```python
import pyopencl as cl
import numpy as np
import sys                   # for sys.argv

if (len(sys.argv) != 2):     # argument is insufficient,
    print( 'Usage:  python %s <kernel filename>' % sys.argv[0])
    quit()                   # terminate program

kenrlFile = open(sys.argv[1])
src = kenrlFile.read()

n = 100
a = np.random.randint(0, 256, (n, n)).astype(np.int32)
b = np.random.randint(0, 256, (n, n)).astype(np.int32)
c = np.empty_like(a)

context = cl.create_some_context(interactive=False)
queue = cl.CommandQueue(context)

mem_a = cl.Buffer(context, cl.mem_flags.READ_ONLY | cl.mem_flags.COPY_HOST_PTR, hostbuf=a)
mem_b = cl.Buffer(context, cl.mem_flags.READ_ONLY | cl.mem_flags.COPY_HOST_PTR, hostbuf=b)
mem_c = cl.Buffer(context, cl.mem_flags.WRITE_ONLY, c.nbytes)
n_np = np.int32(n)

program = cl.Program(context, src).build()

program.mul(queue, a.shape, None, mem_a, mem_b, mem_c, n_np)

cl.enqueue_copy(queue, c, mem_c)

print (np.all(np.dot(a, b) == c))
```

プログラムは前節と大きな違いはありません。引数で渡されたカーネルのソースファイル

を読み込む部分以外はまったく同じです。変更した部分では、コマンドラインにカーネルファイルが指定されているか検査し、指定されていたらカーネルソースを読み込みます。

以降に、Anaconda Prompt で実行した例を示します。

実行例

```
(C:¥Anaconda3) C:¥test>python mulCLFile.py kernel.cl
C:¥Anaconda3¥lib¥site-packages¥pyopencl¥cffi_cl.py:1502: CompilerWarning: Non-empty compiler
output encountered. Set the environment variable PYOPENCL_COMPILER_OUTPUT=1 to see more.
  "to see more.", CompilerWarning)
True
```

正常に処理され、True が表示されます。メッセージにあるように、環境変数に PYOPENCL_COMPILER_OUTPUT=1 を設定すると、処理の経過が表示されます。以降に例を示します。

実行例

```
(C:¥Anaconda3) C:¥test>set PYOPENCL_COMPILER_OUTPUT=1

(C:¥Anaconda3) C:¥test>python mulCLFile.py kernel.cl
C:¥Anaconda3¥lib¥site-packages¥pyopencl¥cffi_cl.py:1498: CompilerWarning: Built kernel retriev
ed from cache. Original from-source build had warnings:
Build on <pyopencl.Device 'Intel(R) Core(TM) i5-2540M CPU @ 2.60GHz' on 'Experimental OpenCL 2.
1 CPU Only Platform' at 0x21310d2c000> succeeded, but said:

Compilation started
Compilation done
Linking started
Linking done
Device build started
Device build done
Kernel <mul> was successfully vectorized (4)
Done.
  warn(text, CompilerWarning)
C:¥Anaconda3¥lib¥site-packages¥pyopencl¥cffi_cl.py:1498: CompilerWarning: From-binary build su
cceeded, but resulted in non-empty logs:
Build on <pyopencl.Device 'Intel(R) Core(TM) i5-2540M CPU @ 2.60GHz' on 'Experimental OpenCL 2.
1 CPU Only Platform' at 0x21310d2c000> succeeded, but said:

Device build started
Device build done
```

```
Reload Program Binary Object.
  warn(text, CompilerWarning)
True
```

このように、経過の詳細が表示されます。PYOPENCL_COMPILER_OUTPUT=1 の設定はPython 内からも行うことができますので、詳細を必ず表示したければ、プログラム内で環境変数を操作するとよいでしょう。

以降に、コマンドラインの引数を間違った例を示します。まず、カーネルファイルの指定を忘れた例を示します。

実行例（カーネルファイルの指定を忘れた例）

```
(C:¥Anaconda3) C:¥test>python mulCLFile.py
Usage:   python mulCLFile.py <kernel filename>
```

カーネルファイルの指定を忘れると、使用法が表示されます。次に、カーネルファイル名を間違えた例を示します。

実行例（カーネルファイル名を間違えた例）

```
(C:¥Anaconda3) C:¥test>python mulCLFile.py kernel.clxxx
Traceback (most recent call last):
  File "mulCLFile.py", line 11, in <module>
    kenrlFile = open(sys.argv[1])
FileNotFoundError: [Errno 2] No such file or directory: 'kernel.clxxx'
```

次に、カーネルプログラム自体が間違っている例を示します。カーネルプログラムの for 文の最後の括弧がない場合を示します。以降に、カーネルプログラムのソースリストと、その結果を示します。

リスト4.5●04_beginOcl/kernel.cl（一部変更）

```
__kernel void mul(
    __global const int* a,
    __global const int* b,
    __global int* c,
    const int n
)
{
    const int i = get_global_id(0);
```

```
    const int j = get_global_id(1);
    const int ij = j * n + i;

    c[ij] = 0;
    for(int k = 0; k < n; k++          (←閉括弧がない)
    {
        c[ij] += a[j * n + k] * b[k * n + i];
    }
}
```

実行例（カーネルプログラムに誤りがある例）

```
(C:¥Anaconda3) C:¥test>python mulCLFile.py error_kernel.cl
Traceback (most recent call last):
  File "mulCLFile.py", line 27, in <module>
    program = cl.Program(context, src).build()
  File "C:¥Anaconda3¥lib¥site-packages¥pyopencl¥__init__.py", line 462, in build
    options_bytes=options_bytes, source=self._source)
  File "C:¥Anaconda3¥lib¥site-packages¥pyopencl¥__init__.py", line 506, in _build_and_catch_er
rors
    raise err
pyopencl.cffi_cl.RuntimeError: clBuildProgram failed: BUILD_PROGRAM_FAILURE -

Build on <pyopencl.Device 'Intel(R) Core(TM) i5-2540M CPU @ 2.60GHz' on 'Experimental OpenCL 2.
1 CPU Only Platform' at 0x1fbabbfca90>:

Compilation started
1:14:5: error: expected ')'
    {
    ^
1:13:8: note: to match this '('
    for(int k = 0; k < n; k++
       ^
1:17:1: error: expected statement
}
^
Compilation failed

(options: -I "c:¥anaconda3¥lib¥site-packages¥pyopencl¥cl")
(source saved as C:¥Users¥pc-user¥AppData¥Local¥Temp¥tmp2yq63h7w.cl)
```

メッセージから、カーネルプログラム（OpenCL C）の間違いを知ることができます。

4 はじめてのプログラム

　Spyder内からコマンドラインの引数を指定する例も紹介します。まず、何の設定も行わず実行ボタンを押します。

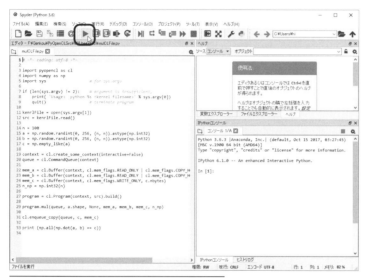

図4.6●何の設定も行わず実行ボタンを押す

　当然ですがエラーが表示されます。

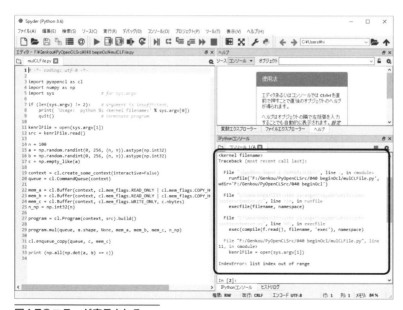

図4.7●エラーが表示される

Spyderを使用中にコマンドライン引数を与えるには、［実行 > ファイルごとの設定］メニュー項目を選択します。

図4.8●［実行 > ファイルごとの設定］メニュー項目

　「ファイルごとの設定」ダイアログが現れますので、「コマンドラインオプション」チェックボックスにチェックを付けて、その右にある欄にカーネルファイル名を指定し、［実行］ボタンをクリックしてプログラムを実行します。

図4.9●コマンドラインオプションを指定して実行する

　実行結果は右下のコンソールに表示されます。

4 はじめてのプログラム

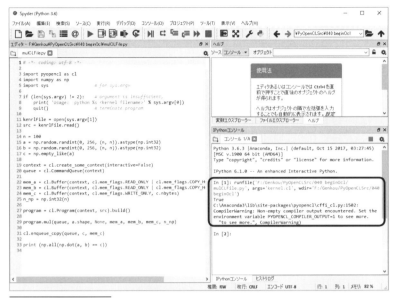

図4.10● 実行結果

4-4 OpenCL 情報の表示

パソコンに搭載されている OpenCL プラットフォームやデバイスの情報を表示するプログラムを紹介します。以降に、ソースリストを示します。

リスト4.6● 04_beginOcl/infoOpenCL.py

```python
import pyopencl as cl
from pyopencl import device_type
from pyopencl import device_local_mem_type

for platform in cl.get_platforms():

    print ('''
Platform = {}
version  = {}
'''.format(
```

```
        platform.name,
        platform.version)
        )

    for device in platform.get_devices():

        print ('''
            device name        = {}
            Type               = {}
            Max Compute Units  = {}
            Max Work Group Size = {}
            Max Work Item Dims. = {}
            Max Work Item Size = {}
            Local Mem Size     = {}
            Local Mem Type     = {}
            '''.format(
            device.name,
            device_type.to_string(device.type),
            device.max_compute_units,
            device.max_work_group_size,
            device.max_work_item_dimensions,
            device.max_work_item_sizes,
            device.local_mem_size,
            device_local_mem_type.to_string(device.local_mem_type))
        )
```

　まず、pyopencl.get_platforms でプラットフォームのリストを取得し、その返した値を使用します。取得したプラットフォームの名前とバージョンを表示します。次に、プラットフォームに含まれるデバイスのリストを platform.get_devices で取得します。各デバイスの情報を、取得したデバイスを使用して表示します。各デバイス名、タイプ、演算ユニット数、次元数などを表示します。これを、すべてのプラットフォームとデバイスが終わるまで繰り返します。

　pyopencl.get_platforms は OpenCL の clGetPlatformInfo API に対応し、platform.get_devices は clGetDeviceInfo API に対応します。これらの API を後述しますので参考にしてください。

4-4-1　実行例

　まず、第二世代の Intel CPU を搭載したシステムで実行した例を示します。最新の「Intel

SDK for OpenCL Applications」をインストールしたため、OpenCL 2.1 がサポートされています。第二世代の Intel CPU のためデバイスは CPU のみがサポートされます。

実行結果（第二世代のIntel CPU）

```
Platform = Experimental OpenCL 2.1 CPU Only Platform
version  = OpenCL 2.1

         device name         =         Intel(R) Core(TM) i5-2540M CPU @ 2.60GHz
         Type                = CPU
         Max Compute Units   = 4
         Max Work Group Size = 8192
         Max Work Item Dims. = 3
         Max Work Item Size  = [8192, 8192, 8192]
         Local Mem Size      = 32768
         Local Mem Type      = GLOBAL
```

プラットフォームが一つ、それに含まれるデバイスも一つです。参考のため、上記で使用したパソコンのデバイスマネージャーを示します。

図4.11●デバイスマネージャー（第二世代Intel CPU搭載システム）

第六世代の Intel CPU を搭載したシステムで実行した例を示します。第五世代以降の Intel CPU のため、デバイスとして CPU と GPU の両方がサポートされます。最新の「Intel SDK for OpenCL Applications」をインストールしていないため、OpenCL 2.1 はサポートされていません。

実行結果（第六世代のIntel CPU）

```
Platform = Intel(R) OpenCL
version  = OpenCL 2.0


        device name         = Intel(R) HD Graphics 530
        Type                = GPU
        Max Compute Units   = 24
        Max Work Group Size = 256
        Max Work Item Dims. = 3
        Max Work Item Size  = [256, 256, 256]
        Local Mem Size      = 65536
        Local Mem Type      = LOCAL


        device name         = Intel(R) Core(TM) i5-6600 CPU @ 3.30GHz
        Type                = CPU
        Max Compute Units   = 4
        Max Work Group Size = 8192
        Max Work Item Dims. = 3
        Max Work Item Size  = [8192, 8192, 8192]
        Local Mem Size      = 32768
        Local Mem Type      = GLOBAL
```

プラットフォームが一つ、それに含まれるデバイスが二つです。デバイスは最初のものが GPU、次のものが CPU です。上記で使用したパソコンのデバイスマネージャーを示します。

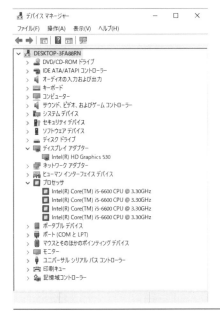

図4.12●デバイスマネージャー（第六世代Intel CPU搭載システム）

4-4-2 pyopencl の説明

本節で使用した pyopencl の、主要な関数を解説します。

get_platforms

書式

```
pyopencl.get_platforms()
```

機能

プラットフォームインスタンスのリストを取得します。

引数

なし

戻り値

プラットフォームインスタンスのリストを返します。

get_devices

書式

```
pyopencl.get_platforms().get_devices(device_type = device_type.ALL)
```

機能

device_type に一致するデバイスのリストを取得します。

引数

device_type　デバイスタイプです。ACCELERATOR、ALL、CPU、CUSTOM、DEFAULT、GPU などを指定できます。たとえば、必ず GPU を選択したい場合は GPU を指定します。

戻り値

デバイスのリストを返します

4-4-3　OpenCL API の説明

本節で使用した pyopencl の関数に対応する主要な OpenCL API を説明します。

clGetPlatformIDs

利用可能な OpenCL プラットフォームのリストを取得します。この API は pyopencl.get_platforms と対応します。

書式

```
cl_int clGetPlatformIDs (
    cl_uint          num_entries,
    cl_platform_id   *platforms,
    cl_uint          *num_platforms )
```

引数

num_entries　取得できるプラットフォーム ID のエントリの数を指定します。取得したプラットフォーム ID は platforms 引数へ格納されます。platforms が NULL 以外なら、num_entries は 0 以上でなければなりません。

platforms	取得したプラットフォーム ID のリストが格納されます。platforms 引数が NULL のとき、この引数は無視されます。格納される OpenCL プラットフォーム ID 数は、num_entries 引数の値と有効な OpenCL プラットフォーム数の小さい方が採用されます。
num_platforms	有効なプラットフォーム数を返します。本引数が NULL の場合、この引数は無視されます。

返却値

成功：CL_SUCCESS
失敗：CL_INVALID_VALUE、CL_OUT_OF_HOST_MEMORY など。
通常は !=CL_SUCCESS で判断する、以降も同様。

clGetDeviceIDs

指定した platform 引数で利用可能なデバイスのリストを取得します。この API は pyopencl.get_platforms().get_devices と対応します。

書式

```
cl_int clGetDeviceIDs (
    cl_platform_id  platform,
    cl_device_type  device_type,
    cl_uint         num_entries,
    cl_device_id    *devices,
    cl_uint         *num_devices )
```

引数

platform	取得対象のプラットフォーム ID を指定します。通常は、clGetPlatformIDs で取得した値を使用します。あるいは NULL を指摘できます。NULL を指定した場合、実装依存です。
device_type	取得する OpenCL のデバイスタイプを指定します。この値を使えば特定のデバイスタイプ、あるいはすべての有効なデバイスを問い合わせることができます。表 4.4 に指定可能な device_type を示します。
num_entries	取得できるデバイス ID のエントリの数を指定します。デバイス ID は devices 引数へ格納されます。devices 引数が NULL 以外なら、num_entries 引数は 0 以上でなければなりません。
devices	取得したデバイス ID のリストが格納されます。NULL を指定すると、

	本引数は無視されます。格納されるデバイス ID 数は、num_entries 引数の値と有効なデバイス数の小さい方が採用されます。
num_devices	device_type に一致する OpenCL デバイスの数です。NULL を指定すると無視されます。

表4.4● 指定可能なdevice_type

cl_device_type（デバイスタイプ）	意味
CL_DEVICE_TYPE_CPU	ホスト CPU を OpenCL デバイスとして取得します。
CL_DEVICE_TYPE_GPU	GPU を OpenCL デバイスとして取得します。
CL_DEVICE_TYPE_ACCELERATOR	専用の OpenCL アクセラレータを OpenCL デバイスとして取得します（例えば IBM CELL Blade など）。
CL_DEVICE_TYPE_CUSTOM	OpenCL C をサポートしない専用のアクセラレータを OpenCL デバイスとして取得します。
CL_DEVICE_TYPE_DEFAULT	システムのデフォルトデバイスを OpenCL デバイスとして取得します（CL_DEVICE_TYPE_CUSTOM に分類されるデバイスはデフォルトデバイスにはなれません）。
CL_DEVICE_TYPE_ALL	CL_DEVICE_TYPE_CUSTOM に分類されるデバイス以外のすべてのデバイスを OpenCL デバイスとして取得します。

返却値

成功：CL_SUCCESS

失敗：CL_INVALID_PLATFORM、CL_INVALID_DEVICE_TYPE、CL_INVALID_VALUE、CL_DEVICE_NOT_FOUND、CL_OUT_OF_RESOURCES、CL_OUT_OF_HOST_MEMORY など。

通常は !=CL_SUCCESS で判断する。

clGetPlatformInfo

指定した OpenCL プラットフォームに関する情報を取得します。この API は pyopencl.get_platforms() と対応します。

書式

```
cl_int clGetPlatformInfo(
    cl_platform_id    platform,
    cl_platform_info  param_name,
    size_t            param_value_size,
    void              *param_value,
    size_t            *param_value_size_ret )
```

引数

platform	clGetPlatformIDs によって返されたプラットフォーム ID です。
param_name	取得するプラットフォーム情報を識別する定数です。定数については、以降に示す表を参照してください。
param_value_size	param_value によって指示されたメモリのサイズをバイト単位で指定します。このサイズは表 4.5 で指定された戻り値のサイズ以上でなければなりません。
param_value	param_value で指定した値が返されるメモリを指すポインタです。本引数が NULL の場合、無視されます。
param_value_size_ret	取得したデータの実際のサイズ（バイト数）が返されます。本引数が NULL の場合、無視されます。

表4.5●プラットフォーム情報を識別する定数

cl_platform_info	説明
CL_PLATFORM_PROFILE	OpenCL プロファイルの文字列です。実装でサポートされているプロファイル名を返します。返されるプロファイル名は次のいずれかの文字列です。 **FULL_PROFILE** 実装が OpenCL 仕様をサポートしている場合（コア仕様の一部として定義された機能で、拡張機能をサポートする必要はありません）。 **EMBEDDED_PROFILE** 実装が OpenCL 埋め込みプロファイルをサポートしている場合（埋め込みプロファイルは、OpenCL の各バージョンのサブセットとして定義されています）。
CL_PLATFORM_VERSION	OpenCL のバージョンを示す文字列です。このバージョン文字列の形式は次のとおりです。 OpenCL\<space\>\<major_version.minor_version\>\<space\>\<platform-specific information\>
CL_PLATFORM_NAME	プラットフォーム名の文字列です。
CL_PLATFORM_VENDOR	プラットフォームベンダの文字列です。
CL_PLATFORM_EXTENSIONS	プラットフォームでサポートされている拡張名をスペースで区切られたリストを返します。ここで定義されている拡張機能は、このプラットフォームに関連するすべてのデバイスでサポートされている必要があります。

返却値は char[] です。

返却値

成功：CL_SUCCESS
失敗：CL_INVALID_PLATFORM、CL_INVALID_VALUE など。
通常は !=CL_SUCCESS で判断する。

clGetDeviceInfo

OpenCLデバイスに関する情報を取得します。このAPIはplatform.get_devices()と対応します。

書式

```
cl_int clGetDeviceInfo(
    cl_device_id     device,
    cl_device_info   param_name,
    size_t           param_value_size,
    void             *param_value,
    size_t           *param_value_size_ret )
```

引数

device	clGetPlatformIDsによって返されたプラットフォームIDです。
param_name	取得するデバイス情報を識別する定数です。定数については、以降に示す表を参照してください。
param_value_size	param_valueによって指示されたメモリのサイズをバイト単位で指定します。このサイズは、表4.6で指定された戻り値のサイズ以上でなければなりません。
param_value	param_valueで指定した値が返されるメモリを指すポインタです。本引数がNULLの場合、無視されます。
param_value_size_ret	取得したデータの実際のサイズ（バイト数）が返されます。cl_platform_infoへ指定する定数は非常に多岐にわたるため、一部のみを解説します。本引数がNULLの場合、無視されます。

表4.6●取得するデバイス情報を識別する定数

cl_device_info	説明
CL_DEVICE_NAME	戻り値の型：char []。デバイス名文字列です。
CL_DEVICE_MAX_COMPUTE_UNITS	戻り値の型：cl_uint。OpenCLデバイス上の並列計算コアの数です。最小値は1です。
CL_DEVICE_MAX_WORK_ITEM_DIMENSIONS	戻り値の型：cl_uint。データ並列実行モデルで使用されるグローバルおよびローカルワークアイテムIDを指定する最大次元数です（clEnqueueNDRangeKernelを参照してください）。最小値は3です。

cl_device_info	説明
CL_DEVICE_SVM_CAPABILITIES	デバイスがサポートするさまざまな共有仮想メモリ（SVM）タイプについて説明します。粗粒度 SVM 割り当ては、すべての OpenCL 2.0 デバイスでサポートされる必要があります。これは、以下の値の組み合わせを記述するビットフィールドです。 CL_DEVICE_SVM_COARSE_GRAIN_ BUFFER：粗粒度バッファ（Coarse-Grained buffer）をサポートします。粗粒度バッファは clSVMAlloc API で割り付けます。バッファの一貫性は、同期ポイントで保証されます。ホストは clEnqueueMapBuffer API および clEnqueueUnmapMemObject API を呼び出す必要があります。 CL_DEVICE_SVM_FINE_GRAIN_BUFFER：細粒度バッファ（Fine-Grained buffer）をサポートします。細粒度バッファは clSVMAlloc API で割り付けます。メモリの一貫性は、clEnqueueMapBuffer API および clEnqueueUnmapMemObject API を必要としません。 CL_DEVICE_SVM_FINE_GRAIN_SYSTEM：malloc を使用して割り当てられたメモリを含む、ホストの仮想メモリ全体の共有をサポートします。同期点でメモリの一貫性が保証されます。
CL_DEVICE_MAX_WORK_ITEM_SIZES	戻り値の型：size_t []。clEnqueueNDRangeKernel に対するワークグループの各次元で指定できるワークアイテムの最大数です。 size_t[n] のエントリを返します。n は、CL_DEVICE_MAX_WORK_ITEM_DIMENSIONS のクエリによって返された値です。最小値は (1, 1, 1) です。
CL_DEVICE_MAX_WORK_GROUP_SIZE	戻り値の型：size_t。データ並列を使用し、カーネルを実行するワークグループ内の作業項目の最大数です（clEnqueueNDRangeKernel を参照してください）。最小値は 1 です。

返却値

成功：CL_SUCCESS

失敗：CL_INVALID_PLATFORM、CL_INVALID_VALUE など。

通常は !=CL_SUCCESS で判断する。

備考

CL_DEVICE_PROFILE は、OpenCL フレームワークによって実装されたプロファイルを返します。返されるプラットフォームプロファイルが FULL_PROFILE の場合、

OpenCL フレームワークは FULL_PROFILE であるデバイスをサポートし、EMBEDDED_PROFILE であるデバイスもサポートします。

CL_DEVICE_COMPILER_AVAILABLE は CL_TRUE であるため、コンパイラはすべてのデバイスで使用できる必要があります。戻されるプラットフォームプロファイルが EMBEDDED_PROFILE の場合、EMBEDDED_PROFILE のみのデバイスがサポートされます。

第5章

画像と行列処理

5 画像と行列処理

PyOpenCL の応用として行列の処理は良い例題です。本章では、画像データを行列とみなし、実践的でありながら比較的簡単なプログラムを紹介します。

5-1 単純な画像（行列）の生成

最初の画像を扱う例として適切と思われるシンプルなプログラムを紹介します。本プログラムは、画像（行列）を生成し JPEG ファイルとして保存します。

5-1-1 Pillow 概要

PyOpenCL で画像データを処理しますが、Python そのもので画像ファイルや画像データを扱うのは面倒です。そこで、画像の読み込み、書き込み、フォーマットの変更などには、サードパーティーの画像処理モジュールである **Pillow** の機能を使用することにします。

本書は OpenCL の基礎を学ぶことを目的としているので、画像処理自体は Pillow の機能を使用せず、画像を行列とみなして OpenCL を活用します。

 通常、Python を単体でインストールした場合は Pillow を別途インストールしなければなりません。しかし、Anaconda をインストールした場合は、Numpy と同様に Pillow も最初からインストールされています。Anaconda には主要なサードパーティーのモジュールが同梱されており、とても便利です。

5-1-2 画像生成プログラム

画像を生成するプログラムを紹介します。このプログラムは、赤色で縦 256 ピクセル、横 512 ピクセルの JPEG ファイルを生成します。JPEG ファイルを生成していますが、単にファイル名でフォーマットは決まります。このため、プログラム内のファイル名を変更すると、別のフォーマットにも対応できます。

リスト5.1 ● 05_imgBasic/genImage.py

```python
import pyopencl as cl
import numpy as np
from PIL import Image

context = cl.create_some_context()
queue = cl.CommandQueue(context)

program = cl.Program(context, '''
__kernel void
red(
    __global uchar* out )
{
    const int y = get_global_id(0);
    const int x = get_global_id(1);
    const int width = get_global_size(1);

    const int pos = (y * width + x) * 3;

    out[pos + 0] = 255;     // r
    out[pos + 1] = 0;       // g
    out[pos + 2] = 0;       // b
}
''').build()

height = 256
width = 512
out = np.empty((height, width, 3), np.uint8)
mem_out = cl.Buffer(context, cl.mem_flags.WRITE_ONLY, out.nbytes)

program.red(queue, (height, width), None, mem_out)

cl.enqueue_copy(queue, out, mem_out)

image = Image.fromarray(out)
image.save('red.jpg')
```

　画像を操作するため Pillow をインポートします。OpenCL を利用するためのコードは、これまでと同様です。ホスト側に numpy の ndarray を empty で縦 256、横 512、そして奥行き 3 の符号なし 8 ビット整数の配列(行列)を生成します。奥行き 3 は RGB の各成分です。すなわち、この三次元配列は RGB が、それぞれ 8 ビットで構成された 256 × 512 の画像データです。

5 画像と行列処理

このままではカーネルへ渡せないため、カーネルへ渡すメモリオブジェクトを pyopencl.Buffer で生成します。メモリオブジェクトは (高さ , 横幅 , 3) で生成します。これは、画像が RGB の 3 チャンネルで作られることを示します。以降にカーネル部分を抜き出したソースリストを示します。

```
__kernel void
red(
        __global uchar* out )
{
    const int y = get_global_id(0);
    const int x = get_global_id(1);
    const int width = get_global_size(1);

    const int pos = (y * width + x) * 3;

    out[pos + 0] = 255;     // r
    out[pos + 1] = 0;       // g
    out[pos + 2] = 0;       // b
}
```

カーネルの名前は red です。受け取ったバッファの赤成分に 255 を、そのほかは 0 を設定します。バッファの横幅（バイト数）を得る必要がありますが、引数で受け取らず get_global_size(1) を使用します。これは、カーネル呼び出しに指定したグローバルワークアイテム数の二番目の値です。この例では、

```
program.red(queue, (height, width), None, mem_out)
```

の width を得ることを意味します。これによって、画像の横幅を引数でカーネルに渡す必要はなく、代わりに get_global_size(1) を使用します。カーネルが完了したら、pyopencl.enqueue_copy でバッファオブジェクトをホストの Python 側に読み込みます。その後、Pillow の Image.fromarray を使用し ndarray を Image へ変換します。それを Image.save で画像をディスクに格納します。

5-1-3 実行

プログラムの実行結果を示します。Anaconda Prompt を開いて実行した例を示します。

実行例

```
(C:¥Anaconda3) C:¥test>python genImage.py
Choose platform:
[0] <pyopencl.Platform 'Experimental OpenCL 2.1 CPU Only Platform' at 0x2bf26e110b0>
Choice [0]:0
Set the environment variable PYOPENCL_CTX='0' to avoid being asked again.
C:¥Anaconda3¥lib¥site-packages¥pyopencl¥cffi_cl.py:1502: CompilerWarning: Non-empty compiler o
utput encountered. Set the environment variable PYOPENCL_COMPILER_OUTPUT=1 to see more.
  "to see more.", CompilerWarning)
```

本プログラムは、cl.create_some_context に引数を与えていないためデバイスを対話的（インタラクティブ）に選択します。この例では、デバイスが一つしかないため「0」を入力します。プログラムが終了すると、赤色の四角形が作業中のディレクトリに作成されます。

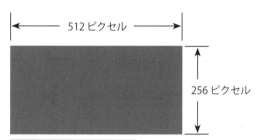

図5.1●生成された画像

今度は、プラットフォームは一つだが、デバイスが二つある例を示します。この例ではデバイスに GPU（Intel HD Graphics 530）を選択します。

実行例（1プラットフォーム、2デバイス環境）

```
(C:¥Anaconda3) C:¥test>python genImage.py
Choose platform:
[0] <pyopencl.Platform 'Intel(R) OpenCL' at 0x18cddb8b440>
Choice [0]:0
Choose device(s):
[0] <pyopencl.Device 'Intel(R) HD Graphics 530' on 'Intel(R) OpenCL' at 0x18cde1c2320>
[1] <pyopencl.Device 'Intel(R) Core(TM) i5-6600 CPU @ 3.30GHz' on 'Intel(R) OpenCL' at 0x18cde
```

```
2d0100>
Choice, comma-separated [0]:0
Set the environment variable PYOPENCL_CTX='0:0' to avoid being asked again.
C:\Anaconda3\lib\site-packages\pyopencl\cffi_cl.py:1502: CompilerWarning: Non-empty compiler o
utput encountered. Set the environment variable PYOPENCL_COMPILER_OUTPUT=1 to see more.
  "to see more.", CompilerWarning)
```

Spyderから直接実行した例も示します。Spyderから実行すると、

```
context = cl.create_some_context()
```

と記述してもコンソールにインタラクティブにデバイスを選択するメッセージは現れませんでした。

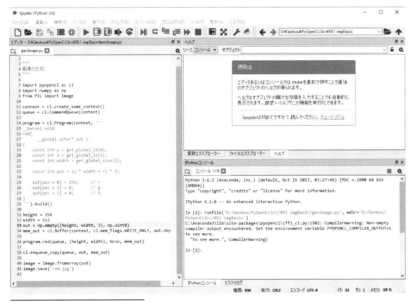

図5.2●Spyderから実行

5-1-4　numpy関数の説明

本節で使用した主要なnumpy関数を解説します。

numpy.empty

書式

```
numpy.empty(shape, dtype = float, order = 'C')
```

機能

指定された配列と同じ形状とタイプの新しい配列を返します。

引数

shape : int または int のタプル
　　生成する ndarray に適用される shape です。
dtype : data-type（オプション）
　　結果のデータ型です。
order : {'C', 'F'}（オプション）
　　結果のメモリレイアウトをオーバーライドします。'C' は C 言語のオーダー、'F' は Fortran のオーダーです。

戻り値

指定された shape と dtype の配列（ndarray）です。配列は初期化されません。型がオブジェクトの場合、None に初期化されます。

5-2 少し複雑な行列（画像）の生成

　多少、複雑で負荷の重い行列（画像）を生成するプログラムを紹介します。本プログラムは、画像の中心が高い値で、周辺に向かうほど、ある法則に従い値が小さくなる行列を生成します。

　四角形に外接する円を想定し、半径を π と規定します。画素の中心からの距離を求め、(π − 中心からの距離) を cos へ与えることによって、座標位置の値を決定します。中心からの処理対象画素の距離は、画素の座標を (X, Y)、中心座標を (X_c, Y_c) とした場合、$\sqrt{(X_c - X)^2 + (Y_c - Y)^2}$ で求めることができます。この値を distance と定義すると、cos へ

与える値は、$\sqrt{(X_c - X)^2 + (Y_c - Y)^2}/\pi$ で求めることができます。この値を θ' と定義します。

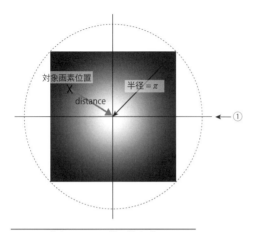

図5.3●中心からの距離で値を求める

以降に、行列の中心部①を横方向に移動した際の、値の変化を図で示します。

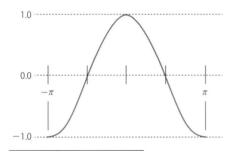

図5.4●中心部の値の変化

このままでは $\cos\theta'$ は $-1.0 \sim 1.0$ を返しますので、これを $0.0 \sim 1.0$ へ正規化します。このような値を保持する float32 の numpy.ndarray を生成する関数を Python と OpenCL を使って生成してみましょう。行列生成に若干の演算が発生しますので、OpenCL による高速化を観察できるでしょう。この行列を可視化するため、最後に Pillow を使って画像ファイルとしてファイルに格納します。

まず、OpenCL を使用せず、純粋な Python で開発したプログラムを示します。純粋な Python と書きましたが numpy を利用します。以降にソースリストを示します。

5-2 少し複雑な行列（画像）の生成

リスト5.2 ● 05_imgBasic/genCosImg.py

```python
import numpy as np
from PIL import Image
import math
import time

def createCosMat(rows, cols):
    weight = np.empty((rows, cols), np.float32)
    center = (rows/2, cols/2)
    radius = math.hypot(center[0], center[1])

    for r in range(rows):
        for c in range(cols):
            #distance from center
            distance = math.hypot((center[0] - r), (center[1] - c))

            #radius=π, current radian
            radian = (distance / radius) * math.pi

            #cosθ, normalize -1.0~1.0 to 0~1.0
            Y = (math.cos(radian) + 1.0) / 2.0
            weight[r, c] = Y

    return weight


if __name__ == '__main__':
    size = 4096

    start = time.time()
    cosTbl = createCosMat(size, size)
    print(time.time() - start)

    # normalize (0.0~1.0) to (0~255)
    cosTbl *= 255
    cosTbl2 = cosTbl.astype(np.uint8)

    Img = Image.frombytes('L', cosTbl2.shape[:2], cosTbl2.tobytes())
    Img.save('cosTbl.bmp')
```

　本プログラムは、これまでのように一塊のプログラムではなく、メイン関数と行列を生成するcreateCosMat関数へ分離します。

　main関数で行列のサイズをsizeに設定します。この値が大きすぎると、意外と処理に時

間を要しますので、非力なパソコンで試す場合は小さな値から挑戦するとよいでしょう。先に説明した行列（二次元のnumpy.ndarray）を生成するのはcreateCosMat関数です。この関数に要する時間を計測し、結果を表示します。最後に、関数が返した表列を可視化するために、Pillowを使用して画像ファイルとして保存します。

createCosMat関数で、先に説明した行列を生成します。まず、引数で指定されたサイズで、float32型のnumpy.ndarrayをemptyで生成します。その後、先に説明した方法で、全要素に値を格納します。math.hypotを使用していますが、math.hypot(x, y)は$\sqrt{x^2 + y^2}$と同じです。素直に記述してもかまいませんが、hypotを使った方が簡単で性能も向上する可能性が高いです。

プログラムの実行結果を示します。Anaconda Promptを開いて実行した例を示します。

実行例

```
(C:¥Anaconda3) C:¥test>python genCosImg.py
9.157205581665039
```

約9秒を要しています。この時間は使用したシステムによって変わりますが、後述するPyOpenCLで処理したものとの比較に使用します。以降に、本プログラムが生成した、画像を示します。

図5.5●生成された画像

同様のプログラムを、PyOpenCLを使用して開発します。以降にソースリストを示します。

リスト5.3●05_imgBasic/genCosImgCL.py

```
import pyopencl as cl
import numpy as np
from PIL import Image
```

```python
import time

def createCosMat(rows, cols):
    context = cl.create_some_context(interactive=False)
    queue = cl.CommandQueue(context)

    program = cl.Program(context, '''
        __kernel void
        knl(
            __global float* out )
        {
            const int y = get_global_id(0);
            const int x = get_global_id(1);
            const int height = get_global_size(0);
            const int width = get_global_size(1);

            const int yc = height / 2;
            const int xc = width / 2;

            float radius = hypot((float)yc, (float)xc);

            // distance from center
            float distance = hypot((float)(yc - y), (float)(xc - x));

            //radius=π, current radian
            float radian = (distance / radius) * M_PI;

            //cosθ, normalize -1.0~1.0 to 0~1.0
            float Y = (cos(radian) + 1.0) / 2.0;
            const int pos = (y * width + x);

            out[pos] = Y;
        }
        ''').build()

    out = np.empty((cols, rows), np.float32)
    mem_out = cl.Buffer(context, cl.mem_flags.WRITE_ONLY, out.nbytes)

    program.knl(queue, (rows, cols), None, mem_out)

    cl.enqueue_copy(queue, out, mem_out)
    return out


if __name__ == '__main__':
    size = 4096
```

```python
    start = time.time()
    cosTbl = createCosMat(size, size)
    print(time.time() - start)

    # normalize (0.0~1.0) to (0~255)
    cosTbl = np.multiply(cosTbl, 255.0)
    cosTbl2 = cosTbl.astype(np.uint8)

    Img = Image.frombytes('L', cosTbl2.shape[:2], cosTbl2.tobytes())
    Img.save('cosTblCL.bmp')
```

main 関数は、先のプログラムと同様です。

createCosMat 関数で、先に説明した行列を生成します。先のプログラムと違い、ほとんどの処理をカーネルで行います。カーネルは、バッファオブジェクト out を受け取ります。これは、処理結果を格納するバッファオブジェクトです。処理対象の画素位置は get_global_id で取得します。これによって、自身が処理しなければならない画素の座標を知ることができます。画像の高さと横幅は、get_global_size で求めます。ほとんど Python で記述した内容と同じですが、各画素の処理は並列化されるため、処理速度が向上する可能性が高いです。

先ほどと同じように Anaconda Prompt を開いて実行した例を示します。

実行例

```
(C:\Anaconda3) C:\test>python genCosImgCl.py
C:\Anaconda3\lib\site-packages\pyopencl\cffi_cl.py:1502: CompilerWarning: Non-empty compiler o
utput encountered. Set the environment variable PYOPENCL_COMPILER_OUTPUT=1 to see more.
  "to see more.", CompilerWarning)
0.3594679832458496
```

約 0.35 秒を要しています。先のプログラムと比較し、約 25 倍高速化されています。

5-3 画像のネガティブ処理

　最初の画像処理、そして行列操作の例として適切と思われるネガティブ処理をPythonとOpenCLの組み合わせで開発します。画像処理で考えるとネガティブ処理ですが、行列で考えると二次元バイト配列を操作するPyOpenCLプログラムです。ネガティブ処理とは、色の明暗を反転させ、ネガフィルムの様な画像を得る処理です。ネガティブ処理を一般式で記述すると以下のように表せます。

変換後の値 = 最大値 − 変換前の値

　上式を24 bpp（24ビットカラー、1677万色）で考えると、下記のように書き換えることができます。

変換後の値 = 255 − 変換前の値

　処理の概念を次の図に示します。画像の処理を行いますが、画像データは行列そのものですので、PyOpenCLのサンプルプログラムに最適でしょう。

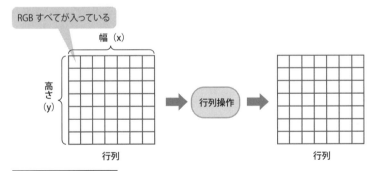

図5.6●処理の概念

ネガフィルム

ネガフィルムといっても、もうフィルム自体を見かける機会が少なくなりました。もう少ししたら、「フィルムってなーに？」と質問する若者と出会うような気がします。若い頃山登りをしていましたがポジフィルムのASA感度が低く苦労したのが、つい先日のようです。まあISO感度をASAというあたりで、私の年齢も想像できるでしょう。現像された銀塩フィルムを見る機会も、ほとんどなくなりました。ここで説明した「ネガフィルムの様な画像」が果たして、用語として適切なのか、ふと疑問に思ってしまい閑話休題を加えました。

プログラムの動作概要図を示します。

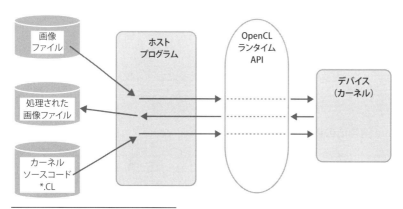

図5.7●プログラムの動作概要図

bpp

画像の色深度（いくつの色が使われているか）を表す単位を指します。24 bppの場合、一つのピクセルを24ビットで表現します。このため2の24乗までの色を扱うことができます。1 bppならば2色、つまり白黒しか表せません。この値が大きければ自然に近い画質が得られます。24 bppや8 bpp以外に、16 bppや32 bppが使われます。ただし、RGBに使われるビット数は様々です。本書では、ほとんどの場合、24 bppのRGB形式を使用します。ベクタ処理などで、一部32bppのRGBAを使用することもあります。

先のプログラムでは内部で画像の生成も行いましたが、次に示すプログラムでは、ファイルから画像を読み込んで操作を加えます。

リスト5.4 ● 05_imgBasic/neg.py

```python
import pyopencl as cl
import numpy as np
from PIL import Image

src = '''
__kernel void clCode(
        __global const uchar* in,
        __global uchar* out)
{
    const int y = get_global_id(0);
    const int x = get_global_id(1);
    const int width = get_global_size(1);

    int pos = (y * width + x) * 3;
    out[pos+0] = convert_uchar_sat(255-in[pos+0]);
    out[pos+1] = convert_uchar_sat(255-in[pos+1]);
    out[pos+2] = convert_uchar_sat(255-in[pos+2]);
}
'''

ifile = 'in.jpg'
ofile = 'out.jpg'

def load_image_to_array(path):
    """
    Loads image into 3D Numpy array.
    shape = (height, width, channels), dtype = uint8
    """
    with Image.open(path) as image:
        arr = np.fromstring(image.tobytes(), dtype=np.uint8)
        width , height = image.size
        channels = 3
        arr = arr.reshape(height, width, channels)
    return arr


if __name__ == '__main__':
    iArr = load_image_to_array(ifile)

    context = cl.create_some_context(interactive=False)
    queue = cl.CommandQueue(context)

    program = cl.Program(context, src).build()
```

```
    out = np.empty(iArr.shape, np.uint8)

    mf = cl.mem_flags
    in_buf  = cl.Buffer(context, mf.READ_ONLY | mf.COPY_HOST_PTR, hostbuf=iArr)
    out_buf = cl.Buffer(context, mf.WRITE_ONLY, out.nbytes)

    program.clCode(queue, out.shape[:2], None, in_buf, out_buf)

    cl.enqueue_copy(queue, out, out_buf)

    image = Image.fromarray(out)
    image.save(ofile)
```

　本プログラムは入力ファイル名と出力ファイル名を固定しているため、プログラムを実行する前に作業中のディレクトリに in.jpg と名付けた画像ファイルを格納してください。

　まず、`load_image_to_array` 関数を説明します。引数 path に読み込むファイル名がフルパスで格納されています。`Image.open(path)` でファイルをオープンし、それをバイト列へ変換したのち、numpy の ndarray へ変換します。このままでは、連続した一次元の配列ですので、画像形成の縦、横、RGB の三次元形式の配列へ reshape します。この ndarray を呼び出し元へ返します。

　main 関数は、最初のファイルを ndarray に読み込む処理が増えますが、以降の処理は、先の応用です。カーネルが書き込むバッファオブジェクトを割り付け、カーネルを呼び出します。カーネルを呼び出すときのグローバルワークアイテム数の指定は、「`out.shape[:2]`」で行います。これは、グローバルワークアイテム数を（縦のピクセル数、横のピクセル数）としたいためです。単に「`out.shape`」とすると次元数が 3 になり、グローバルワークアイテム数が（縦のピクセル数、横のピクセル数、3）となります。画像ファイルの書き込み部分は、先のプログラムと同様です。

　次にカーネルプログラムのソースリストを抜き出したものを示します。

リスト5.5●カーネルのソースリスト

```
__kernel void clCode(
        __global const uchar* in,
        __global uchar* out)
{
    const int y = get_global_id(0);
    const int x = get_global_id(1);
    const int width = get_global_size(1);
```

```
    int pos = (y * width + x) * 3;
    out[pos+0] = convert_uchar_sat(255-in[pos+0]);
    out[pos+1] = convert_uchar_sat(255-in[pos+1]);
    out[pos+2] = convert_uchar_sat(255-in[pos+2]);
}
```

　get_global_id(0) で y 座標を、get_global_id(1) で x 座標を求め、画像の横方向のピクセルサイズは get_global_size(1) から得ます。ネガティブ処理は

　　格納画素値 = 255 – 変換前画素値

で処理できます。各画素は RGB から成り立っており、横幅は width*3 バイトで構成されています。このため、get_global_id で受け取った x、y から処理対象データの位置を求めるには「(y * width + x) * 3」する必要があります。以降に、in が示すメモリの概念図を示します。

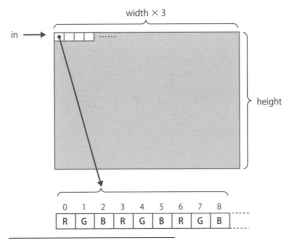

図5.8●inが示すメモリの概念図

　カーネル（ワークアイテム）は、各画素単位で制御が渡ってきますので、受け取った位置に格納されている青、緑、赤の各成分をネガティブ処理し、out 側の対応する色成分位置に格納します。

　この程度の負荷では、OpenCL を使う効果よりもそのための準備やメモリ操作のオーバー

ヘッドが大きく、並列化の恩恵が失われる可能性が高いですが、粒度の小さな多くの並列化がなされるのが分かるでしょう。

　Pythonで普通に記述したプログラムと、PythonからOpenCLを利用したプログラムの動作概念図を示します。コード量は大して変わりませんが、逐次処理で記述したプログラムは大量のループ処理をこなさなければなりません。OpenCLで記述すると、小さな粒度の並列化が行われます。

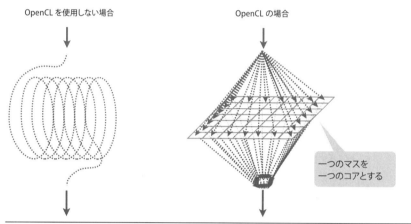

図5.9●Pythonで記述したプログラムとPyOpenCLで記述したカーネルの動作概念図

　上図の二つの処理を一つの時間軸に沿って並べたものを次に示します。

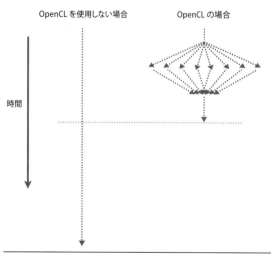

図5.10●ループの処理と並列化した処理を同一時間軸にモデル化

ループを引っ張ると、毛糸玉を引っ張るようにズルズルと延びます。つまり for ループを時間軸で観察すると、とても長い処理だというのが分かります。OpenCL は、ループの処理がバラバラに並列化され一気に処理されます。

プログラムの実行例を示します。幅 1000 ピクセル、高さ 750 ピクセルの画像ファイルを使用します。

実行例

```
python neg.py
C:¥Anaconda3¥lib¥site-packages¥pyopencl¥cffi_cl.py:1502: CompilerWarning: Non-empty compiler output encountered. Set the environment variable PYOPENCL_COMPILER_OUTPUT=1 to see more.
  "to see more.", CompilerWarning)
```

入力（in.jpg）　　　　　　　　　　処理後（out.jpg）

図5.11●実行例（1）

別の画像を使用した例を示します。

入力（in.jpg）　　　　　　　　　　処理後（out.jpg）

図5.12●実行例（2）

5-3-1 Pillow や Numpy でネガティブ処理

本節で行った画像処理は、Pillow や Numpy の機能を使用すれば簡単に実現できます。リスト 5.6 に Pillow を使用した例を、リスト 5.7 に Numpy を使用した例を示します。なお、本書は PyOpenCL の解説を目的としているので、説明は省略します。

リスト5.6●05_imgBasic/PilNeg.py

```python
from PIL import Image

ifile = 'in.jpg'
ofile = 'out.jpg'

img = Image.open(ifile)

for x in range(img.width):
    for y in range(img.height):
        r, g, b = img.getpixel((x, y))
        img.putpixel((x, y), (255-r, 255-g, 255-b))

img.save(ofile)
```

リスト5.7●05_imgBasic/NumpyNeg.py

```python
from PIL import Image
import numpy as np

ifile = 'in.jpg'
ofile = 'out.jpg'

img = Image.open(ifile)

array = np.asarray(img)
array = 255-array

res = Image.fromarray(np.uint8(array))

res.save(ofile)
```

5-3-2 バッファオブジェクトへの書き込み

最初のプログラムでは、入力のバッファオブジェクト作成時に、内容もホスト側のデータをコピーしました。ここでは、バッファオブジェクトの作成だけ行い、内容の変更は後で行う例を示します。このような方法は、あとでバッファ内容を変更したいときに活用できます。以降にソースリストを示します。

リスト5.8●05_imgBasic/negCopyBuff.py

```python
import pyopencl as cl
import numpy as np
from PIL import Image

src = '''
__kernel void clCode(
        __global const uchar* in,
        __global uchar* out)
{
    const int y = get_global_id(0);
    const int x = get_global_id(1);
    const int width = get_global_size(1);

    int pos = (y * width + x) * 3;
    out[pos+0] = convert_uchar_sat(255-in[pos+0]);
    out[pos+1] = convert_uchar_sat(255-in[pos+1]);
    out[pos+2] = convert_uchar_sat(255-in[pos+2]);
}
'''

ifile = 'in.jpg'
ofile = 'out.jpg'

def load_image_to_array(path):
    """
    Loads image into 3D Numpy array.
    shape = (height, width, channels), dtype = uint8
    """
    with Image.open(path) as image:
        arr = np.fromstring(image.tobytes(), dtype=np.uint8)
        width , height = image.size
        channels = 3
        arr = arr.reshape(height, width, channels)
    return arr
```

```python
if __name__ == '__main__':
    iArr = load_image_to_array(ifile)

    context = cl.create_some_context(interactive=False)
    queue = cl.CommandQueue(context)

    program = cl.Program(context, src).build()

    out = np.empty(iArr.shape, np.uint8)

    mf = cl.mem_flags
    in_buf  = cl.Buffer(context, mf.READ_ONLY, out.nbytes)
    out_buf = cl.Buffer(context, mf.WRITE_ONLY, out.nbytes)

    cl.enqueue_copy(queue, in_buf, iArr)
    program.clCode(queue, out.shape[:2], None, in_buf, out_buf)

    cl.enqueue_copy(queue, out, out_buf)

    image = Image.fromarray(out)
    image.save(ofile)
```

最初のプログラムと異なる部分に網掛けを行っています。入力のバッファオブジェクトを生成するときに、領域だけを確保し、内容は書き込みません。内容を書き込む必要が生じた時点で、`pyopencl.enqueue_copy` でバッファコピーをキューイングします。このような方法を採用すると、バッファの内容を必要に応じて変更できます。

5-3-3 strides を使用する

これまでのプログラムは、行列の処理位置を求めるためにカーネル内で `get_global_size` を使用しました。ここでは、各次元で次の要素に移動する際に、必要なバイト数（`ndarray.strides`）を使用する例を示します。Numpy のドキュメントを読むかぎり、ここで行う方法がバイト位置を求めるのに適切なようですが、引数が増えるため、本書では `get_global_size` を使用する方法を採用します。

以降にソースリストを示します。

リスト5.9●05_imgBasic/negStride.py

```python
import pyopencl as cl
import numpy as np
from PIL import Image

src = '''
__kernel void clCode(
        __global const uchar* in,
        __global uchar* out,
        const int wStride,
        const int pStride)
{
    const int y = get_global_id(0);
    const int x = get_global_id(1);

    int pos = (y * wStride) + (x * pStride);
    out[pos+0] = convert_uchar_sat(255-in[pos+0]);
    out[pos+1] = convert_uchar_sat(255-in[pos+1]);
    out[pos+2] = convert_uchar_sat(255-in[pos+2]);
}
'''

ifile = 'in.jpg'
ofile = 'out.jpg'

def load_image_to_array(path):
    """
    Loads image into 3D Numpy array.
    shape = (height, width, channels), dtype = uint8
    """
    with Image.open(path) as image:
        arr = np.fromstring(image.tobytes(), dtype=np.uint8)
        width , height = image.size
        channels = 3
        arr = arr.reshape(height, width, channels)
    return arr


if __name__ == '__main__':
    iArr = load_image_to_array(ifile)

    context = cl.create_some_context(interactive=False)
    queue = cl.CommandQueue(context)

    program = cl.Program(context, src).build()
```

```
    out = np.empty(iArr.shape, np.uint8)
    np_wStrides = np.int32(out.strides[0])
    np_pStrides = np.int32(out.strides[1])

    mf = cl.mem_flags
    in_buf  = cl.Buffer(context, mf.READ_ONLY | mf.COPY_HOST_PTR, hostbuf=iArr)
    out_buf = cl.Buffer(context, mf.WRITE_ONLY, out.nbytes)

    program.clCode(queue, out.shape[:2], None, in_buf, out_buf,
                                    np_wStrides, np_pStrides)

    cl.enqueue_copy(queue, out, out_buf)

    image = Image.fromarray(out)
    image.save(ofile)
```

　最初のプログラムと異なる部分に網掛けを行っています。画像を格納しているバッファの各次元のバイト数をstridesから求めてカーネルへ渡すため、カーネルの引数は二つから四つへ増えます。その代わりに、カーネルはget_global_sizeを使用しません。新たに増えた引数のwStrideは横方向のストライド、pStrideは一ピクセルのストライドです。これらを使って処理対象データの位置を求めます。ほかの部分はこれまでと同様です。

5-4　画像の座標変換

　先ほどのプログラムに与えるカーネルファイル変更し、画像の画素位置を変更する単純なプログラムを紹介します。

5-4-1　ミラー処理

　まず、画像の左右を反転させるプログラムを紹介します。鏡を見るように、左右が逆になります。以降にプログラムの動作の概要図を示します。

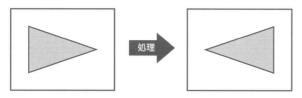

図5.13●プログラムの動作概要図

5-3節「画像のネガティブ処理」の最初のプログラム（リスト5.4）と異なるのはカーネルのみです。以降にソースリストを示します。

リスト5.10●05_imgBasic/mirror.py

```
import pyopencl as cl
import numpy as np
from PIL import Image

src = '''
__kernel void clCode(
        __global const uchar* in,
        __global uchar* out)
{
    const int y = get_global_id(0);
    const int x = get_global_id(1);
    const int width = get_global_size(1);

    int dstX = (y * width + x)*3;
    int srcX = (y * width + (width - 1 - x))*3;

    out[dstX+0] = in[srcX+0];
    out[dstX+1] = in[srcX+1];
    out[dstX+2] = in[srcX+2];
}
'''

ifile = 'in.jpg'
ofile = 'out.jpg'

def load_image_to_array(path):
    """
    Loads image into 3D Numpy array.
    shape = (height, width, channels), dtype = uint8
    """
    with Image.open(path) as image:
        arr = np.fromstring(image.tobytes(), dtype=np.uint8)
```

```
        width , height = image.size
        channels = 3
        arr = arr.reshape(height, width, channels)
    return arr


if __name__ == '__main__':
    iArr = load_image_to_array(ifile)

    context = cl.create_some_context(interactive=False)
    queue = cl.CommandQueue(context)

    program = cl.Program(context, src).build()

    out = np.empty(iArr.shape, np.uint8)

    mf = cl.mem_flags
    in_buf  = cl.Buffer(context, mf.READ_ONLY | mf.COPY_HOST_PTR, hostbuf=iArr)
    out_buf = cl.Buffer(context, mf.WRITE_ONLY, out.nbytes)

    program.clCode(queue, out.shape[:2], None, in_buf, out_buf)

    cl.enqueue_copy(queue, out, out_buf)

    image = Image.fromarray(out)
    image.save(ofile)
```

　カーネルの引数は、バッファオブジェクト in と out です。in が参照側バッファオブジェクト、out が処理結果を格納するバッファオブジェクトです。画像の横幅は get_global_size(1) で求めます。処理対象の画素位置は get_global_id で取得します。これによって、自身が処理しなければならない画素の座標を知ることができます。

　本カーネルは、各ピクセルの横方向の座標位置を逆転させるだけです。これによって、原画像が鏡に写したように、左右が逆になります。

　以降に、二つの画像を処理した結果を示します。それぞれの入力画像と処理結果を示します。

入力（in.jpg）　　　　　処理後（out.jpg）

入力（in.jpg）　　　　　処理後（out.jpg）

図5.14●実行例

5-4-2　画像の上下を反転

　直前の例では画像の左右を入れ替えましたが、ここでは画像の上下を反転して逆さまに表示します。処理の概念図を次に示します。

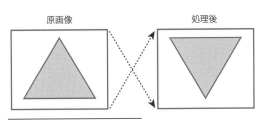

図5.15●画像の上下反転

プログラム内にハードコードされている、カーネルのソースコードを示します。

リスト5.11 ● 05_imgBasic/upsidedown.py（カーネルコード部のみ抜粋）

```
    :
src = '''
__kernel void clCode(
        __global const uchar* in,
        __global uchar* out)
{
    const int y = get_global_id(0);
    const int x = get_global_id(1);
    const int height = get_global_size(0);
    const int width  = get_global_size(1);

    int yUpper = (y * width + x) * 3;
    int yLower = ((height - y - 1) * width + x) * 3;

    out[yUpper + 0] = in[yLower + 0];
    out[yUpper + 1] = in[yLower + 1];
    out[yUpper + 2] = in[yLower + 2];
}
'''
    :
```

座標計算以外はリスト 5.10 と同じです。処理は、y 軸の中心を原点とし、上下を入れ替えるだけです。カーネル（= ワークアイテム）には、すべてのメモリ位置が渡ってきますので、単に参照側の画素を画像データ格納用のメモリへコピーするだけです。左右の入れ替えでは画像の横幅だけ必要でしたが、本カーネルは縦の大きさも必要ですので、縦横のサイズを get_global_size(0) と get_global_size(1) からそれぞれ求めます。

プログラムの実行例を示します。二つの画像を処理します。

5-4 画像の座標変換

入力（in.jpg）　　　　　処理後（out.jpg）

入力（in.jpg）　　　　　処理後（out.jpg）

図5.16●実行例

第6章 カーネルプログラムを分離

6 カーネルプログラムを分離

本章では、ホストプログラムとカーネルプログラムを別々のファイルに分離して扱う例を紹介します。

これまでに解説したほとんどのプログラムでは、カーネルソースをホストプログラムに文字列として保持していました。そのため、コードが見にくいだけでなく、カーネルを変更するたびにプログラムコードを書き換える必要があります。カーネルプログラムを別ファイルとして保存すると、複数の処理を同じプログラムで実現できます。

すでに 4-3 節「カーネルプログラムを分離」で、行列の積を求める簡単な例について紹介しましたが、本章では画像処理を行う例を紹介します。プログラムの内容はこれまでとほとんど同じです。単に、カーネルソースを外部ファイルに分離するだけです。カーネルのソースコードを別ファイルに分離しましたので、ホスト側のプログラムとデバイス側のソース（＝カーネル）の二つが必要です。

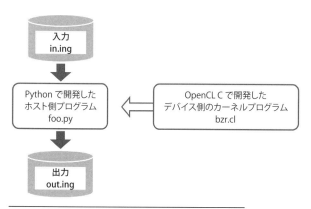

図6.1●実行時にカーネルプログラムを読み込む

以降に、両方のソースリストを示します。

リスト6.1●06_imgBasicPara/imgBasic.py (ホストプログラム)

```python
import pyopencl as cl
import numpy as np
from PIL import Image
import sys


def load_image_to_array(path):
    '''
    Loads image into 3D Numpy array of shape(height, width, channels)
    '''
```

```python
    with Image.open(path) as image:
        arr = np.fromstring(image.tobytes(), dtype=np.uint8)
        width, height = image.size
        channels = 3
        arr = arr.reshape(height, width, channels)
    return arr


def load_kernel(path):
    '''
    Loads kernel source
    '''
    kenrlFile = open(path)
    src = kenrlFile.read()
    return src


def opencl(iArr, src):
    '''
    opencl
    '''
    context = cl.create_some_context(interactive=False)
    queue = cl.CommandQueue(context)

    program = cl.Program(context, src).build()

    oArr = np.empty_like(iArr)

    mf = cl.mem_flags
    iArr_buf = cl.Buffer(context, mf.READ_ONLY | mf.COPY_HOST_PTR, hostbuf=iArr)
    oArr_buf = cl.Buffer(context, mf.WRITE_ONLY, oArr.nbytes)

    program.clCode(queue, oArr.shape[:2], None, iArr_buf, oArr_buf)

    cl.enqueue_copy(queue, oArr, oArr_buf)
    return oArr


if __name__ == '__main__':
    '''
    Usage:
        python foo.py bar.jpg baz.jpg kernel.cl'
    '''
    if (len(sys.argv) != 4):
        print( 'Usage:')
        print( '      python %s <in> <out> <kernel>' % sys.argv[0])
```

6 カーネルプログラムを分離

```
        quit()

    iArr = load_image_to_array(sys.argv[1])

    src = load_kernel(sys.argv[3])

    oArr = opencl(iArr, src)

    image = Image.fromarray(oArr)
    image.save(sys.argv[2])
```

　プログラムは、引数で渡されたカーネルのソースファイルを読み込む部分を除いて、これまでとほぼ同様の処理を行います。ただし、それぞれの処理を関数に分離し、処理内容が把握できるようにしました。以降に、関数の一覧を示します。それぞれの関数の処理は単純であり、かつ説明済みのものも多いので解説は省きます。

load_image_to_array(path) 関数

　画像ファイルを読み込み、numpy.ndarray に変換して返します。

引数

　path　　画像ファイル名がフルパスで格納されています。

返却値

　画像が格納された numpy.ndarray です。shape は必ず (高さ , 幅 , 3) です。

load_kernel(path) 関数

　カーネルファイルを読み込みます。

引数

　path　　カーネルファイル名がフルパスで格納されています。

返却値

　カーネルソースの文字列です。

opencl(iArr, src) 関数

OpenCL を使用して画像処理を行います。

引数

iArr　　画像が格納された numpy.ndarray です。
src　　　カーネルソースの文字列です。

返却値

画像処理を行った numpy.ndarray です。

メイン関数を順に説明します。まず、引数の数をチェックし、入力ファイル名、出力ファイル名、そしてカーネルファイル名が指定されているか調べます。引数の数が適切でない場合、メッセージを表示してプログラムは終了します。次に、load_image_to_array 関数を呼び出し、iArr に入力画像ファイルを読み込みます。次に、load_kernel 関数を呼び出し、src にカーネルプログラムのソースコードを読み込みます。そして、iArr と src を引数に opencl 関数を呼び出し、画像処理を行います。画像処理の内容は src に格納されているカーネルに依存します。opencl 関数が返した oArr を使用して画像ファイルを保存します。

6-1　左右反転処理

それでは、いくつか実行してみましょう。まず、カーネルに mirror.cl を与えた例を示します。

実行例

```
(C:\Anaconda3) C:\test>python imgBasic.py \in\Lenna.jpg Lenna_mirror.jpg mirror.cl
```

原画像　　　　　　　　　　　　処理後

図6.2●実行例（カーネルプログラム：mirror.cl）

以降に、mirror.cl のソースリストを示します。

リスト6.2●06_imgBasicPara/mirror.cl（カーネルプログラム）

```
__kernel void clCode(
        __global const uchar* in,
        __global uchar* out)
{
    const int y = get_global_id(0);
    const int x = get_global_id(1);
    const int width = get_global_size(1);

    int dstX = (y * width + x) * 3;
    int srcX = (y * width + (width - 1 - x)) * 3;

    out[dstX + 0] = in[srcX + 0];
    out[dstX + 1] = in[srcX + 1];
    out[dstX + 2] = in[srcX + 2];
}
```

　本カーネルの引数は、バッファオブジェクト in と out です。in が参照側バッファオブジェクト、out が処理結果を格納するバッファオブジェクトです。get_global_id(0) で y 座標を、get_global_id(1) で x 座標を求め、画像の横方向のピクセルサイズは get_global_size(1) から得ます。これによって、自身が処理しなければならない画素の座標を知ることができます。

6-2 ネガティブ処理

次に紹介するカーネルは、ネガティブ処理を行います。カーネルに neg.cl を与えた例を示します。

> **実行例**
>
> (C:¥Anaconda3) C:¥test>python imgBasic.py ¥in¥Parrots.bmp Parrots_neg.jpg neg.cl

原画像　　　　　　　　　　処理後

図6.3●実行例

以降に、neg.cl のソースリストを示します。

リスト6.3●06_imgBasicPara/neg.cl

```
__kernel void clCode(
        __global const uchar* in,
        __global uchar* out)
{
    const int y = get_global_id(0);
    const int x = get_global_id(1);
    const int width = get_global_size(1);

    int pos = (y * width + x) * 3;
    out[pos+0] = convert_uchar_sat(255-in[pos+0]);  // r
    out[pos+1] = convert_uchar_sat(255-in[pos+1]);  // g
    out[pos+2] = convert_uchar_sat(255-in[pos+2]);  // b
}
```

ネガティブ処理は

格納画素値 = 255 − 変換前画素値

で処理できます。各画素はRGBから成り立っており、横幅はwidth*3バイトで構成されています。このため、get_global_idで受け取ったx、yから処理対象データの位置を求めるには「(y * width + x) * 3」する必要があります。カーネル（ワークアイテム）には各画素単位で制御が渡ってきますので、受け取った位置に格納されている青、緑、赤の各成分をネガティブ処理し、out側の対応する色成分位置に格納します。

6-3 上下反転処理

カーネルにupsidedown.clを与えた例を示します。

実行例

```
(C:¥Anaconda3) C:¥test>python imgBasic.py ¥in¥Lenna.jpg Lenna_upsidedown.jpg upsidedown.cl
```

原画像

処理後

図6.4●実行例

以降に、upsidedown.clのソースリストを示します。

リスト6.4●06_imgBasicPara/upsidedown.cl

```
__kernel void clCode(
        __global const uchar* in,
        __global uchar* out)
{
    const int y = get_global_id(0);
    const int x = get_global_id(1);
    const int height = get_global_size(0);
    const int width  = get_global_size(1);

    int yUpper = (y * width + x) * 3;
    int yLower = ((height - y - 1) * width + x) * 3;

    out[yUpper + 0] = in[yLower + 0];   // r
    out[yUpper + 1] = in[yLower + 1];   // g
    out[yUpper + 2] = in[yLower + 2];   // b
}
```

座標計算以外は前節と同じです。処理は、y軸の中心を原点として上下を入れ替えるだけです。カーネル（＝ワークアイテム）にはすべてのメモリ位置が渡ってきますので、単に参照側の画素を画像データ格納用のメモリへコピーするだけです。これまでは画像の横幅だけ必要でしたが、本カーネルは縦の大きさも必要ですので、縦横のサイズをそれぞれ get_global_size(0) と get_global_size(1) から求めます。

第7章

三次元配列で処理

7 三次元配列で処理

　前章のプログラムを少し変更し、三次元配列として処理する例を紹介します。ホスト側のプログラムはリスト 6.1 を 1 行変更するだけです。先のプログラムでは画像（行列）を二次元として扱いましたが、本プログラムでは三次元データとして扱います。

　以降に、ホスト側プログラムの変更部分を示します。

リスト7.1●07_imgBasic3d/imgBasic3d.py (ホストプログラム、変更点のみ抜粋)

```python
    :
def load_image_to_array(path):
    :
def load_kernel(path):
    :
def opencl(iArr, src):
    '''
    opencl
    '''
    context = cl.create_some_context(interactive=False)
    queue = cl.CommandQueue(context)

    program = cl.Program(context, src).build()

    oArr = np.empty_like(iArr)

    mf = cl.mem_flags
    iArr_buf = cl.Buffer(context, mf.READ_ONLY | mf.COPY_HOST_PTR, hostbuf=iArr)
    oArr_buf = cl.Buffer(context, mf.WRITE_ONLY, oArr.nbytes)

    program.clCode(queue, iArr.shape, None, iArr_buf, oArr_buf)

    cl.enqueue_copy(queue, oArr, oArr_buf)
    return oArr


if __name__ == '__main__':
    :
```

　program.clCode に与えるグローバルワークアイテム数を三次元へ変更します。これまでのプログラムは、次に示すように RGB の値を保持する要素から成り立つ二次元の行列を処理しました。

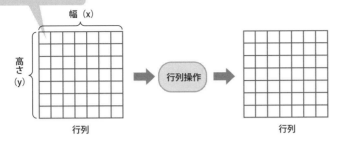

図7.1●行列操作（二次元）

本プログラムは、RGBを分解し、三次元行列をカーネルに渡します。

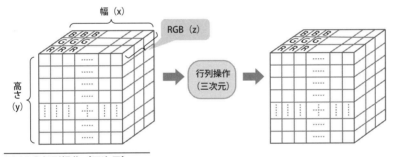

図7.2●行列操作（三次元）

これによって、カーネルが受け取る座標はx、y、zの三つになります。最初の二つはこれまでと同様ですが、最後の引数がRGBの各要素を別々に受け取ります。以降にネガティブ処理を行うカーネルプログラムのソースリストを示します。

リスト7.2●07_imgBasic3d/neg.cl（ネガティブ処理カーネル）

```
__kernel void clCode(
        __global const uchar* in,
        __global uchar* out)
{
    const int y = get_global_id(0);
    const int x = get_global_id(1);
    const int z = get_global_id(2);
    const int width = get_global_size(1);

    int pos = (y * width + x) * 3 + z;
```

```
        out[pos] = convert_uchar_sat(255-in[pos]);
}
```

　カーネルの引数は、バッファオブジェクト in と out です。in が参照側バッファオブジェクト、out が処理結果を格納するバッファオブジェクトです。get_global_id(0) で y 座標を、get_global_id(1) で x 座標を、get_global_id(2) で z 座標を求め、画像の横方向のピクセルサイズは get_global_size(1) から得ます。これによって取得した x、y、z と width の値から、自身が処理しなければならないデータの位置を知ることができます。データ位置の計算時に 3 を乗じますが、これは渡される画像が必ず RGB の 24 bpp（3 バイト）で構成されるためです。データ位置に存在する値へ、ネガティブ処理を行います。ソースリストから分かるように、このカーネルは、R、G もしくは B のいずれかの処理のみを行います。

　以降に、画像の左右を反転させるカーネルと、画像の上下を反転するカーネルのソースリストを示します。

リスト7.3●07_imgBasic3d/mirror.cl（左右反転カーネル）

```
__kernel void clCode(
        __global const uchar* in,
        __global uchar* out)
{
    const int y = get_global_id(0);
    const int x = get_global_id(1);
    const int z = get_global_id(2);
    const int width = get_global_size(1);

    int dstX = (y * width + x) * 3 + z;
    int srcX = (y * width + (width - 1 - x)) * 3 + z;

    out[dstX] = in[srcX];
}
```

　データ位置を求める処理はリスト 7.2 と同様ですが、本カーネルは横方向の座標位置を逆転させるため、dstX と srcX にそれぞれのデータ位置を求めます。最後に、出力用のバッファオブジェクト out の dstX 位置へ、入力用のバッファオブジェクト in の srcX の値をコピーします。これで、各ピクセルの横方向の座標位置が逆転し、原画像が鏡に写したように、左右が逆になります。

以降に、upsidedown.cl のソースリストを示します。

リスト7.4●07_imgBasic3d/upsidedown.cl（上下反転カーネル）

```
__kernel void clCode(
        __global uchar* in,
        __global uchar* out)
{
    const int y = get_global_id(0);
    const int x = get_global_id(1);
    const int z = get_global_id(2);

    const int height = get_global_size(0);
    const int width  = get_global_size(1);

    int yUpper = (y * width + x) * 3 + z;
    int yLower = ((height - y - 1) * width + x) * 3 + z;

    out[yUpper] = in[yLower];
}
```

データ位置を求める処理はリスト 7.2 と同様ですが、本カーネルは y 軸の中心を原点とし上下を入れ替えるため、yUpper と yLower にそれぞれのデータ位置を求めます。最後に、出力用のバッファオブジェクト out の yUpper 位置へ、入力用のバッファオブジェクト in の yLower の値をコピーします。これで、各ピクセルの縦方向の座標位置が逆転し、原画像が上下逆になります。これまでは、画像の横幅だけ必要でしたが、本カーネルは縦の大きさも必要ですので、縦横のサイズを get_global_size(0) と get_global_size(1) からそれぞれ求めます。

実行結果は前章のプログラムと同様ですので省略します。

第8章

フィルタプログラム

8 フィルタプログラム

　これまでのプログラムの発展系として、いくつかの基本的な画像フィルタプログラムを開発します。どのカーネルを使用するかは、先のプログラム同様、コマンドラインから引数で与えます。

8-1 ホストプログラム

以降に、ホスト側プログラムのソースリストを示します。

リスト8.1 ● 08_filter/filter.py

```python
import pyopencl as cl
import numpy as np
from PIL import Image
import sys


def load_image_to_array(path):
    '''
    Loads image into 3D Numpy array of shape(height, width, channels)
    '''
    with Image.open(path) as image:
        arr = np.fromstring(image.tobytes(), dtype=np.uint8)
        width, height = image.size
        channels = 3
        arr = arr.reshape(height, width, channels)
    return arr


def load_kernel(path):
    '''
    Loads kernel source
    '''
    kenrlFile = open(path)
    src = kenrlFile.read()
    return src


def opencl(iArr, src):
    '''
```

```
    opencl
    '''
    context = cl.create_some_context(interactive=False)
    queue = cl.CommandQueue(context)

    program = cl.Program(context, src).build()

    oArr = np.zeros_like(iArr)

    mf = cl.mem_flags
    iArr_buf = cl.Buffer(context, mf.READ_ONLY | mf.COPY_HOST_PTR, hostbuf=iArr)
    oArr_buf = cl.Buffer(context, mf.WRITE_ONLY | mf.COPY_HOST_PTR, hostbuf=oArr)

    gSize = (iArr.shape[0] - 2, iArr.shape[1] - 2)
    program.clCode(queue, gSize, None, iArr_buf, oArr_buf)

    cl.enqueue_copy(queue, oArr, oArr_buf)
    return oArr


if __name__ == '__main__':
    '''
    Usage:
        python foo.py bar.jpg baz.jpg kernel.cl'
    '''
    if (len(sys.argv) != 4):
        print( 'Usage:')
        print( '        python %s <in> <out> <kernel>' % sys.argv[0])
        quit()

    iArr = load_image_to_array(sys.argv[1])

    src = load_kernel(sys.argv[3])

    oArr = opencl(iArr, src)

    image = Image.fromarray(oArr)
    image.save(sys.argv[2])
```

　本プログラムは、第 6 章「カーネルプログラムを分離」のリスト 6.1 を少し変更したプログラムです。変更部分は二か所です。まず、処理結果を格納する numpy.array の生成を、empty_like から zeros_like へ変更します。そして、バッファオブジェクトの生成で、hostbuf に生成した配列を指定します。これまでのカーネルは、出力画素すべてに書き込んでいました。ここでは 3×3 のオペレータを使用したフィルタを実装しますので、画像の

周辺 1 ピクセルが書き込まれないため、empty_like を使用すると値が不定となってしまいます。そこで、バッファオブジェクトへ oArr をコピーします。

　本プログラムは、コマンドラインに三つの引数を要求します。最初の引数は処理対象となる画像ファイル名、二番目の引数は処理した結果を保存する画像ファイル名です。最後の引数はカーネルコードが記述されているファイル名です。三つの引数が指定されていない場合、メッセージを表示してプログラムは終了します。

　次に異なるのは、カーネルを呼び出すときのグローバルワークアイテム数が、入力の画像に対し、縦横とも－2 されることです。これは、フィルタ処理に使われるオペレータが 3 × 3 のため、画像の周辺 1 ピクセルが処理対象外となるためです。

numpy.zeros_like

書式

```
numpy.zeros_like(a, dtype = None, order = 'K', subok = True)
```

機能

　与えられた配列と同じ形と型で、内容がゼロの配列を返します。

引数

a : array_like
　　返される配列は、a の shape とデータ型です。
dtype : data-type（オプション）
　　結果のデータ型をオーバーライドします。
order : {'C', 'F', 'A', or 'K'}（オプション）
　　結果のメモリレイアウトをオーバーライドします。'C' は C オーダー、'F' は F オーダー、'A' は Fortran が連続している場合は 'F'、そうでない場合は 'C' を意味します。'K' はできるだけ近くのレイアウトにマッチすることを意味します。
subok : bool（オプション）
　　True の場合、新しく作成された配列は 'a' のサブクラス型を使用します。そうでない場合は、ベースクラスの配列になります。デフォルトは True です。

戻り値

out : ndarray
　　ゼロで初期化された、a と同じ shape とデータ型の配列です。

8-2 カーネルの説明

本プログラムは、ホストプログラムのコマンドラインにカーネルソースが納められているファイルを指定できます。これは、異なるフィルタ処理を同じホストプログラムで処理できることを意味します。ここに、いくつかのカーネルコードを紹介します。

8-2-1 ラプラシアン（1）

まず、ラプラシアンフィルタ処理を行い、エッジを検出するカーネルを紹介します。

リスト8.2●08_filter/lap4.cl

```
/*
 * laplacian4
 *
 *   ---------In------+---------Out------------
 *                    |
 *     x0   x1   x2   |       x
 *                    |
 *      0   -1    0   |      . . .
 *     -1    4   -1   |      . o .
 *      0   -1    0   |      . . .
 */
__kernel void clCode(
        __global const uchar* in,
        __global uchar* out)
{
    const int y = get_global_id(0);
    const int x = get_global_id(1);
    const int width = get_global_size(1) + 2;

    const int rowPitch = width * 3;

    int row0 = y*rowPitch;
    int row1 = row0+rowPitch;
    int row2 = row1+rowPitch;

    int r = (int)(-in[row0+((x+1)*3)+0]
```

```
                        -in[row1+((x+0)*3)+0]
                        +in[row1+((x+1)*3)+0]*4
                        -in[row1+((x+2)*3)+0]

                        -in[row2+((x+1)*3)+0]);

    out[row1+((x+1)*3)+0] = convert_uchar_sat(r);


    int g = (int)(-in[row0+((x+1)*3)+1]

                        -in[row1+((x+0)*3)+1]
                        +in[row1+((x+1)*3)+1]*4
                        -in[row1+((x+2)*3)+1]

                        -in[row2+((x+1)*3)+1]);

    out[row1+((x+1)*3)+1] = convert_uchar_sat(g);


    int b = (int)(-in[row0+((x+1)*3)+2]

                        -in[row1+((x+0)*3)+2]
                        +in[row1+((x+1)*3)+2]*4
                        -in[row1+((x+2)*3)+2]

                        -in[row2+((x+1)*3)+2]);

    out[row1+((x+1)*3)+2] = convert_uchar_sat(b);
}
```

引数ですが、メモリオブジェクトinとoutが渡されます。inが参照側メモリオブジェクト、outが処理結果を格納するメモリオブジェクトです。本カーネルの動作概要を図8.1に示します。図から、画像全体を意識しているように感じますが、それぞれの画素の処理は、個別にワークアイテムが処理（データ並列）します。

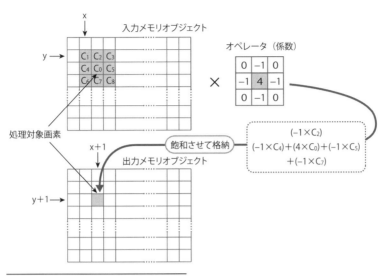

図8.1 ● lap4カーネルの動作概要図

　処理対象の画素位置は get_global_id で取得します。これによって、自身が処理しなければならない x、y の座標を知ることができます。

```
const int y = get_global_id(0);
const int x = get_global_id(1);
```

　ホストプログラムは、横方向を「横幅 − 2」、縦方向を「高さ − 2」でカーネルの実行を要求します。get_global_id は、指定した次元のワークアイテム番号を返します。つまり、ホストで記述した、

```
gSize = (iArr.shape[0] - 2, iArr.shape[1] - 2)
program.clCode(queue, gSize, None, iArr_buf, oArr_buf)
```

は、二次元の for ループのようなものです。これを概念的に for ループに書き換えると、

```
for(int y = 0; y < iArr.shape[0] - 2; y++)
{
    for(int x = 0; x < iArr.shape[1] - 2; x++)
        // ワークアイテム = カーネル
    }
}
```

のように考えられます。このワークアイテムという部分でカーネルが並列に起動されると考えるとよいでしょう。このとき、ループの x、y を求めるのが get_global_id 組み込み関数

です。get_global_id には次元番号を与えます。ですので、この例では0を与えるとyが、1を与えるとxが得られます。これは「gSize = (iArr.shape[0] - 2, iArr.shape[1] - 2)」の記述に依存しますので、gSizeに与える順番を変更するとx、yは逆になります。なお、3×3のオペレータを使用するため、縦横の処理範囲は「本来のサイズ – 2」となります。このため、get_global_id 組み込み関数で受け取った値に1を足した座標 (x+1, y+1) が注目画素です。

x、y座標からメモリオブジェクトの位置を求めるには、横幅のバイト数を知る必要があります。画像の横方向のピクセルサイズは get_global_size(1) から得ます。これに RGB の3バイトを乗算し、rowPitch に、画像データの一ラインが何バイトで構成されているかを求めます。

```
const int width = get_global_size(1) + 2;

const int rowPitch = width * 3;
```

次に、3×3のオペレータを使用し、処理対象の画素値を得ます。

```
int r = (int)(-in[row0+((x+1)*3)+0]

              -in[row1+((x+0)*3)+0]
              +in[row1+((x+1)*3)+0]*4
              -in[row1+((x+2)*3)+0]

              -in[row2+((x+1)*3)+0]);

out[row1+((x+1)*3)+0] = convert_uchar_sat(r);


int g = (int)(-in[row0+((x+1)*3)+1]

              -in[row1+((x+0)*3)+1]
              +in[row1+((x+1)*3)+1]*4
              -in[row1+((x+2)*3)+1]

              -in[row2+((x+1)*3)+1]);
out[row1+((x+1)*3)+1] = convert_uchar_sat(g);


int b = (int)(-in[row0+((x+1)*3)+2]

              -in[row1+((x+0)*3)+2]
```

```
                    +in[row1+((x+1)*3)+2]*4
                    -in[row1+((x+2)*3)+2]

                    -in[row2+((x+1)*3)+2]);
out[row1+((x+1)*3)+2] = convert_uchar_sat(b);
```

各画素の計算結果が unsigned char の範囲を超える場合があります。このため、convert_uchar_sat 組み込み関数を使用し、unsigned char が保持できる値へ飽和させます。convert_uchar_sat 組み込み関数は、引数に与えた数値を unsigned char で表現できる値へ飽和変換する組み込み関数です。RGB 成分ごとに同じ処理を記述していますが、これは for ループに書き換えることができます。ここでは分かりやすくフラットに記述します。

8-2-2 ラプラシアン (2)

同じラプラシアンフィルタ処理ですが、オペレータ（係数）を変更します。エッジの検出が強力なオペレータに変更します。

リスト8.3 ● 08_filter/lap8.cl

```
/*
 * laplacian8
 *
 *  ---------In------+---------Out-----------
 *                   |
 *     x0    x1   x2 |          x
 *                   |
 *     -1    -1   -1 |       .  .  .
 *     -1     8   -1 |       .  o  .
 *     -1    -1   -1 |       .  .  .
 *
 *
 *     yx[0][0]    yx[0][1]    yx[0][2]
 *
 *     yx[1][0]    yx[1][1]    yx[1][2]
 *
 *     yx[2][0]    yx[2][1]    yx[2][2]
 */

__kernel void clCode(
        __global const uchar* in,
        __global uchar* out)
```

8 フィルタプログラム

```
{
    const int y = get_global_id(0);
    const int x = get_global_id(1);
    const int width = get_global_size(1) + 2;

    int yx[3][3];                   //二次元配列

    for(int dY = 0; dY < 3; dY++)
        for(int dX = 0; dX < 3; dX++)
            yx[dY][dX] = ((y + dY) * width + x + dX) * 3;

    for(int rgb = 0; rgb < 3; rgb++)
    {
        int data = (int)(

        -in[yx[0][0] + rgb] -in[yx[0][1] + rgb]    -in[yx[0][2] + rgb]

        -in[yx[1][0] + rgb] +in[yx[1][1] + rgb] * 8 -in[yx[1][2] + rgb]

        -in[yx[2][0] + rgb] -in[yx[2][1] + rgb]    -in[yx[2][2] + rgb] );

        out[yx[1][1] + rgb]=convert_uchar_sat(data);
    }
}
```

カーネルの動作概要を次に示します。

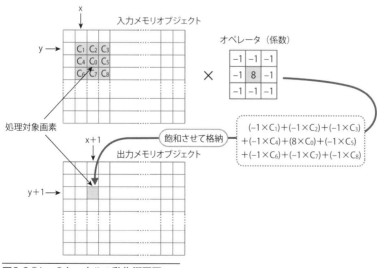

図8.2●lap8カーネルの動作概要図

3×3のオペレータが変更されるだけです。先のカーネルでは、RGB色成分ごとに同じ処理を記述していましたが、本カーネルではforループに書き換えました。

8-2-3 エッジ強調

画像のエッジを強調するカーネルを紹介します。これまでのカーネルとほぼ同様です。オペレータが異なるのみです。

リスト8.4● 08_filter/sharpen.cl

```
/*
 * sharpen
 *
 *    ---------In------+----------Out------------
 *                     |
 *     x0    x1    x2  |        x
 *                     |
 *     -1    -1    -1  |      . . .
 *     -1     9    -1  |      . o .
 *     -1    -1    -1  |      . . .
 *
 *
 *     yx[0][0]   yx[0][1]   yx[0][2]
 *
 *     yx[1][0]   yx[1][1]   yx[1][2]
 *
 *     yx[2][0]   yx[2][1]   yx[2][2]
 */

__kernel void clCode(
        __global const uchar* in,
        __global uchar* out)
{
    const int y = get_global_id(0);
    const int x = get_global_id(1);
    const int width = get_global_size(1) + 2;

    int yx[3][3];               //二次元配列

    for(int dY = 0; dY < 3; dY++)
        for(int dX = 0; dX < 3; dX++)
            yx[dY][dX] = ((y + dY) * width + x + dX) * 3;
```

```
    for(int rgb = 0; rgb < 3; rgb++)
    {
        int data = (int)(

        -in[yx[0][0] + rgb] -in[yx[0][1] + rgb]    -in[yx[0][2] + rgb]

        -in[yx[1][0] + rgb] +in[yx[1][1] + rgb] * 9 -in[yx[1][2] + rgb]

        -in[yx[2][0] + rgb] -in[yx[2][1] + rgb]    -in[yx[2][2] + rgb] );

        out[yx[1][1] + rgb]=convert_uchar_sat(data);
    }
}
```

カーネルの動作概要を次に示します。

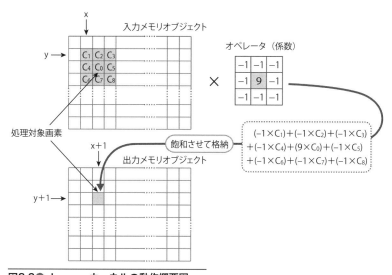

図8.3●sharpenカーネルの動作概要図

3×3のオペレータが変更されるだけです。このオペレータを分解すると次のように表現できます。

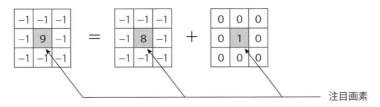

図8.4●強調処理 = エッジの検出処理 + 原画像そのままを出力する処理

画像のエッジ強調処理は、ラプラシアンフィルタの結果と原画像の和であることが分かります。

8-2-4　ソフトフォーカス

画像のエッジを緩和し、画像全体を柔らかく表示するカーネルを紹介します。これまでと違い、全画素の総和を求めたのち、それを画素数で除算します。

リスト8.5●08_filter/soften.cl

```
/*
 * soften
 *
 * ---------In---------+----------Out------------
 *                     |
 *     x0   x1   x2    |         x
 *                     |
 *     1    1    1  /  |       . . .
 *     1    1    1  / 9|       . o .
 *     1    1    1  /  |       . . .
 */

__kernel void clCode(
        __global const uchar* in,
        __global uchar* out)
{
    const int y = get_global_id(0);
    const int x = get_global_id(1);
    const int width = get_global_size(1) + 2;

    for(int rgb = 0; rgb < 3; rgb++)
    {
        int data = 0;
```

```
            for(int dY = 0; dY < 3; dY++)
                for(int dX = 0; dX < 3; dX++)
                    data += (int)in[((y + dY) * width + x + dX) * 3 + rgb];

            data /= 9;

            out[((y + 1) * width + x + 1) * 3 + rgb] = data;
        }
    }
```

カーネルの動作概要を以降に示します。

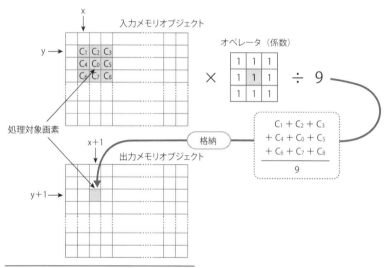

図8.5●softenカーネルの動作概要図

3×3のオペレータを変更し、最後に対象画素数で除算します。各画素の重み付けが1であるため、計算結果がunsigned charの範囲を超えることはありません。このため、飽和処理は不要です。

8-3 実行

それぞれの処理結果を以降に示します。まず、入力に処理した画像を示します。

図8.6●原画像

二種類のラプラシアン、エッジ強調、そしてソフトフォーカス処理後の画像を示します。

図8.7●ラプラシアン（1）とラプラシアン（2）の処理結果

図8.8●エッジ強調とソフトフォーカスの処理結果

第9章

ベクタで画像処理

9 ベクタで画像処理

　PyOpenCLには、複数の同じデータ型を同時に処理できるベクタ型が用意されています。また、ベクタ型を処理できる組み込み関数なども多数用意されており、いわゆるSIMD命令が行うような処理を記述できます。ベクタ型を画像処理に応用すると、一回の操作で複数のデータを処理できます。通常はRGBの各要素をそれぞれ処理しますが、ベクタ型を使用すればRGBを一回の操作で処理できます。本章では、ベクタを使った画像処理の例をいくつか紹介します。

9-1 uchar4で画像を扱う

　ホストプログラムのソースリストを次に示します。ベクタ型を使うため、ホスト側のプログラムで1ピクセルを必ず4バイト（RGBA）で読み込むようにします。これはカーネルプログラムを記述しやすくするためです。画像を保存するときに、RGBA形式のndarrayは任意のフォーマットへ対応できません。このため、いったんRGBフォーマットへ変換してから保存します。これまでのプログラムと同様の処理が多いため、ソースリストは一部のみを示します。

リスト9.1●09_filterVec/filterVec4.py (ホストプログラム、一部抜粋)

```python
    ⋮
def load_image_to_array(path):
    '''
    Loads image into 3D Numpy array of shape(height, width, channels)
    '''
    with Image.open(path).convert('RGBA') as image:
        arr = np.fromstring(image.tobytes(), dtype=np.uint8)
        width, height = image.size
        channels = 4
        arr = arr.reshape(height, width, channels)
    return arr


def load_kernel(path):
    ⋮
    return src
```

```
def opencl(iArr, src):
    ⋮
    return oArr


if __name__ == '__main__':
    ⋮
    image = Image.fromarray(oArr)
    image.convert('RGB').save(sys.argv[2])
```

　これまでと異なるのは、`load_image_to_array`関数が入力画像を必ずRGBA形式で読み込む点です。これまでは(高さ, 幅, 3)のshapeで配列を返しましたが、この関数は(高さ, 幅, 4)のshapeで配列を返します。さらに、画像を保存する際にフォーマットをRGBへ変更します。RGBA形式のままでは、いろいろな画像フォーマットに対応しないためです。この二点がこれまでのプログラムと異なります。

9-1-1 カーネルプログラム

　以降にカーネルのソースリストを示します。最初にエッジ強調を行うカーネルを示します。

リスト9.2 ● 09_filterVec/sharpen.cl

```
/*
 * sharpen
 *
 *    ---------In------+---------Out------------
 *                     |
 *     x0    x1    x2  |        x
 *                     |
 *     -1    -1    -1  |      . . .
 *     -1     9    -1  |      . o .
 *     -1    -1    -1  |      . . .
 *
 *
 *      yx[0][0]    yx[0][1]    yx[0][2]
 *
 *      yx[1][0]    yx[1][1]    yx[1][2]
 *
 *      yx[2][0]    yx[2][1]    yx[2][2]
 *
 */
```

```
__kernel void clCode(
        __global const uchar4* in,
        __global uchar4* out)
{
    const int y = get_global_id(0);
    const int x = get_global_id(1);
    const int width = get_global_size(1) + 2;

    int4 yx[3][3];

    for(int dY = 0; dY < 3; dY++)
        for(int dX = 0; dX < 3; dX++)
            yx[dY][dX] = convert_int4(in[(y + dY) * width + (x + dX)]);

    int4 bgra = -yx[0][0] -yx[0][1]     -yx[0][2]

                -yx[1][0] +yx[1][1] * 9 -yx[1][2]

                -yx[2][0] -yx[2][1]     -yx[2][2];

    bgra.w = in[(y + 1) * width + (x + 1)].w;    // set alpha ch.

    out[(y + 1) * width + (x + 1)] = convert_uchar4_sat(bgra);
}
```

引数にはメモリオブジェクト（正確にはバッファメモリオブジェクト）in と out が渡されます。in が参照側メモリオブジェクト、out が処理結果を格納するメモリオブジェクトです。これまではメモリオブジェクトを「uchar*」で受け取っていましたが、本カーネルは「uchar4*」で受け取ります。これによって、RGBA を別々に処理するのではなく一回で処理します。まず、int4 型の二次元配列 yx に処理対象である 3 × 3 の画素を読み込みます。uchar4 型のデータを int4 型へ読み込むため、convert_int4 組み込み関数で uchar4 を int4 へ変換します。uchar4 型のデータを int4 型へ変換するのは、符号とオーバーフローに対応するためです。この値を使用してフィルタ処理を行います。

処理結果は int4 型変数 bgra へ格納します。このまま処理結果をメモリオブジェクトへ書き込んでもかまいませんが、ここではアルファチャンネルに注目画素のアルファ値を、元の画像からコピーします。すべての画素が同じアルファ値を保持している場合、この処理は必要ありません。

最後に処理結果をメモリオブジェクトへ書き込みますが、値が uchar が保持できる範囲を超える可能性があるため、convert_uchar4_sat で飽和させてから格納します。以降に、受

け取った RGBA のバッファフォーマットと uchar4 型の図を示します。

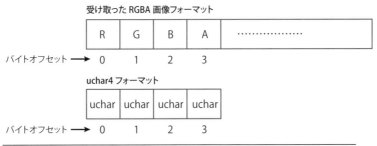

図9.1●受け取ったRGBAのバッファフォーマットとuchar4フォーマット

　図から分かるように、uchar 四つが一つに集まった 32 ビットのデータを処理する場合、uchar4 を使用すれば高速に処理できることを期待できます。デバイスが SIMD 命令を実装していれば、カーネルで記述したコードをそのまま SIMD 命令へ置き換えることができ、処理速度は向上するでしょう。もし、デバイスが SIMD 命令を実装していない場合、ベクタ型を使用してもスカラ型にマップされるため速度向上には寄与しませんが、機能的な問題はありません。フィルタ処理は int4 を使用し、飽和処理は convert_uchar4_sat を使用します。アルファチャンネルは、入力画像からコピーします。

　次に、ソフトフォーカスとラプラシアンフィルタのカーネルを示します。オペレータの係数が異なるくらいで、処理方法は同じです。

リスト9.3●09_filterVec/soften.cl

```
/*
 * soften
 *
 *   ---------In---------+---------Out------------
 *                       |
 *    x0  x1  x2         |      x
 *                       |
 *    1   1   1   /      |    . . .
 *    1   1   1   / 9    |    . o .
 *    1   1   1   /      |    . . .
 *
 */

__kernel void clCode(
        __global const uchar4* in,
```

```
            __global uchar4* out)
{
    const int y = get_global_id(0);
    const int x = get_global_id(1);
    const int width = get_global_size(1) + 2;

    int4 yx[3][3];

    for(int dY = 0; dY < 3; dY++)
        for(int dX = 0; dX < 3; dX++)
            yx[dY][dX] = convert_int4(in[(y + dY) * width + (x + dX)]);

    int4 bgra = +yx[0][0] +yx[0][1] +yx[0][2]

              +yx[1][0] +yx[1][1] +yx[1][2]

              +yx[2][0] +yx[2][1] +yx[2][2];

    bgra /= 9;

    bgra.w = in[(y + 1) * width + (x + 1)].w;    // set alpha ch.

    out[(y + 1) * width + (x + 1)] = convert_uchar4_sat(bgra);
}
```

リスト9.4●09_filterVec/lap8.cl

```
/*
 * laplacian8
 *
 * ---------In------+---------Out------------
 *                  |
 *    x0   x1   x2  |       x
 *                  |
 *    -1   -1   -1  |     . . .
 *    -1    8   -1  |     . o .
 *    -1   -1   -1  |     . . .
 *
 *
 *    yx[0][0]    yx[0][1]    yx[0][2]
 *
 *    yx[1][0]    yx[1][1]    yx[1][2]
 *
 *    yx[2][0]    yx[2][1]    yx[2][2]
```

```
 *
 */

__kernel void clCode(
        __global const uchar4* in,
        __global uchar4* out)
{
    const int y = get_global_id(0);
    const int x = get_global_id(1);
    const int width = get_global_size(1) + 2;

    int4 yx[3][3];

    for(int dY = 0; dY < 3; dY++)
        for(int dX = 0; dX < 3; dX++)
            yx[dY][dX] = convert_int4(in[(y + dY) * width + (x + dX)]);

    int4 bgra = -yx[0][0] -yx[0][1]    -yx[0][2]

                -yx[1][0] +yx[1][1] * 8 -yx[1][2]

                -yx[2][0] -yx[2][1]    -yx[2][2];

    bgra.w = in[(y + 1) * width + (x + 1)].w;   // copy alpha ch.

    out[(y + 1) * width + (x + 1)] = convert_uchar4_sat(bgra);
}
```

9-1-2 実行例

プログラムを実行し、処理した画像をいくつか示します。最初にエッジ強調、そしてソフトフォーカスとラプラシアンフィルタのコマンド入力例と、その結果を示します。

実行例

```
>python filterVec4.py kaimon.jpg kaimon_sharpen.jpg sharpen.cl

>python filterVec4.py kaimon.jpg kaimon_soft.jpg soften.cl

>python filterVec4.py kaimon.jpg kaimon_lap8.jpg lap8.cl
```

図9.2●原画像と処理後の画像（右上・エッジ強調、左下・ソフトフォーカス、右下・ラプラシアン）

9-2 ベクタのロード・ストア命令で画像処理

　ベクタデータをロード・ストアする vloadn/vstoren 組み込み関数を使用して、画像にフィルタ処理を行うプログラムを紹介します。前節のプログラムは、uchar4* でバッファオブジェクトを受け取りましたが、本プログラムは従来通り uchar* で受け取ります。その代わりに、読み込みに vload4 を使用します。ホスト側のプログラムは前節と同じものを使用します。

9-2-1 カーネルプログラム

　以降にカーネルを示します。最初にエッジ強調を行うカーネルを示します。

リスト9.5 ● 09_filterVecLdSt/sharpen.cl

```
__kernel void clCode(
        __global const uchar* in,
        __global uchar* out)
{
    const int y = get_global_id(0);
    const int x = get_global_id(1);
    const int width = get_global_size(1) + 2;

    int4 yx[3][3];

    for(int dY = 0; dY < 3; dY++)
        for(int dX = 0; dX < 3; dX++)
            yx[dY][dX] = convert_int4(vload4((y + dY) * width + (x + dX), in));

    int4 bgra = -yx[0][0] -yx[0][1]     -yx[0][2]

                -yx[1][0] +yx[1][1] * 9 -yx[1][2]

                -yx[2][0] -yx[2][1]     -yx[2][2];

    bgra.w = 255;                   // set alpha ch.

    vstore4(convert_uchar4_sat(bgra), (y + 1) * width + (x + 1), out);
}
```

　先の例と違い、引数のバッファオブジェクトはuchar*で受け取ります。画像データの読み込みはvload4組み込み関数を使用します。vload4で読み込んだ値をconvert_int4でint4型のbgraへ格納します。フィルタ処理を行い、convert_uchar4_satへ飽和演算したのち、vstore4で出力用のバッファオブジェクトへ書き込みます。

　次に、ソフトフォーカスとラプラシアンフィルタ処理を行うカーネルを示します。

リスト9.6 ● 09_filterVecLdSt/soften.cl

```
__kernel void clCode(
        __global const uchar* in,
        __global uchar* out)
{
    const int y = get_global_id(0);
    const int x = get_global_id(1);
    const int width = get_global_size(1) + 2;

    int4 yx[3][3];
```

```
    for(int dY = 0; dY < 3; dY++)
        for(int dX = 0; dX < 3; dX++)
            yx[dY][dX] = convert_int4(vload4((y + dY) * width + (x + dX), in));

    int4 bgra = +yx[0][0] +yx[0][1] +yx[0][2]

                +yx[1][0] +yx[1][1] +yx[1][2]

                +yx[2][0] +yx[2][1] +yx[2][2];

    bgra /= 9;

    bgra.w = 255;                      // set alpha ch.

    vstore4(convert_uchar4_sat(bgra), (y + 1) * width + (x + 1), out);
}
```

リスト9.7●09_filterVecLdSt/lap8.cl

```
__kernel void clCode(
        __global const uchar* in,
        __global uchar* out)
{
    const int y = get_global_id(0);
    const int x = get_global_id(1);
    const int width = get_global_size(1) + 2;

    int4 yx[3][3];

    for(int dY = 0; dY < 3; dY++)
        for(int dX = 0; dX < 3; dX++)
            yx[dY][dX] = convert_int4(vload4((y + dY) * width + (x + dX), in));

    int4 bgra = -yx[0][0] -yx[0][1]    -yx[0][2]

                -yx[1][0] +yx[1][1] * 8 -yx[1][2]

                -yx[2][0] -yx[2][1]    -yx[2][2];

    bgra.w = 255;                      // set alpha ch.

    vstore4(convert_uchar4_sat(bgra), (y + 1) * width + (x + 1), out);
}
```

フィルタ処理部分のオペレータがエッジ強調と異なるだけですので、処理の説明は省略します。vloadn/vstoren 組み込み関数に与えるオフセットはバイト位置へ換算すると、オフセット値×n と解釈されます。ですので、これらの組み込み関数は n の整数倍のデータしか処理できません。このため、途中に不規則な隙間（ダミーデータ）が存在する場合、基本的に処理は困難になります。本来、同じ要素数が並ぶのが前提ですので、vloadn/vstoren 組み込み関数のこのような振る舞いは当然だと考えられます。

9-2-2　実行例

　いくつかの処理結果を示します。最初にエッジ強調、そしてソフトフォーカスとラプラシアンフィルタ処理を施した画像を示します。

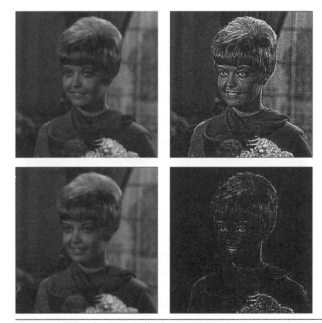

図9.3●原画像と処理後の画像（エッジ強調、ソフトフォーカス、ラプラシアン）

9-3 ベクタのロード・ストア命令とポインタ

先ほどと同じように、ベクタデータをロード・ストアする vloadn/vstoren 組み込み関数を使用して、画像にフィルタ処理を行うプログラムを紹介します。本節で紹介するプログラムは、ポインタ位置を操作することによって画像処理を行います。ホスト側プログラムはこれまでのプログラムを使用しますが、二つのホストプログラム用に二つカーネルを用意します。

ホストプログラムは、同時に四つの要素（RGBA）を処理する場合は、前節と同様に本章の最初に開発したリスト 9.1 を使用します。同時に三つの要素（RGB）を処理する場合は、前章で開発したリスト 8.1 を使用します。

9-3-1 カーネルプログラム

以降にカーネルソースを示します。まず、同時に四つ(RGBA)を処理するものを紹介します。最初にエッジ強調を行うカーネルを示します。

リスト9.8●09_filterVecLdStPtr/sharpen.cl

```
__kernel void clCode(
        __global const uchar* in,
        __global uchar* out)
{
    const int y = get_global_id(0);
    const int x = get_global_id(1);
    const int width = get_global_size(1) + 2;

    __global unsigned char* ptr;
    int4 yx[3][3];

    for(int dY = 0; dY < 3; dY++)
    {
        for(int dX = 0; dX < 3; dX++)
        {
            ptr = in + ((y + dY) * width + (x + dX)) * 4;
            yx[dY][dX] = convert_int4(vload4(0, ptr));
        }
    }
```

```
    int4 bgra = -yx[0][0] -yx[0][1]    -yx[0][2]

                -yx[1][0] +yx[1][1] * 9 -yx[1][2]

                -yx[2][0] -yx[2][1]    -yx[2][2];
    bgra.w = 255;

    ptr = out + ((y + 1) * width + (x + 1)) * 4;
    vstore4(convert_uchar4_sat(bgra), 0, ptr);
}
```

vloadn/vstoren 組み込み関数に指定できるオフセットは、n の整数倍として解釈されます。以降に vloadn の関数プロトタイプを示します。

vloadn 関数

```
gentypen vloadn (size_t offset,const __global gentype *p)
```

p + (offset * n) から sizeof (gentypen) バイトを読み込みます。

vloadn 組み込み関数に指定するオフセットは、上に示すように (offset * n) として解釈されます。つまり n の整数倍のオフセット位置しかアクセスできません。例えば、n に 3 を指定した場合、3 の整数倍位置のみからしか読み込めません。この仕様は非常に合理的ですが、途中に隙間のあるデータの処理には適さない場合があります。このプログラムでは、offset を操作する代わりに p を操作して、任意の位置からデータを読み込むようにします。
次に、ソフトフォーカスとラプラシアンフィルタ処理を行うカーネルを示します。

リスト9.9●09_filterVecLdStPtr/soften.cl

```
__kernel void clCode(
        __global const uchar* in,
        __global uchar* out)
{
    const int y = get_global_id(0);
    const int x = get_global_id(1);
    const int width = get_global_size(1) + 2;

    __global unsigned char* ptr;
    int4 yx[3][3];
```

```
        for(int dY = 0; dY < 3; dY++)
        {
            for(int dX = 0; dX < 3; dX++)
            {
                ptr = in + ((y + dY) * width + (x + dX)) * 4;
                yx[dY][dX] = convert_int4(vload4(0, ptr));
            }
        }

        int4 bgra = +yx[0][0] +yx[0][1] +yx[0][2]

                   +yx[1][0] +yx[1][1] +yx[1][2]

                   +yx[2][0] +yx[2][1] +yx[2][2];
        bgra /= 9;

        bgra.w = 255;

        ptr = out + ((y + 1) * width + (x + 1)) * 4;
        vstore4(convert_uchar4_sat(bgra), 0, ptr);
}
```

リスト9.10 ● 09_filterVecLdStPtr/lap8.cl

```
__kernel void clCode(
        __global const uchar* in,
        __global uchar* out)
{
    const int y = get_global_id(0);
    const int x = get_global_id(1);
    const int width = get_global_size(1) + 2;

    __global unsigned char* ptr;
    int4 yx[3][3];

    for(int dY = 0; dY < 3; dY++)
    {
        for(int dX = 0; dX < 3; dX++)
        {
            ptr = in + ((y + dY) * width + (x + dX)) * 4;
            yx[dY][dX] = convert_int4(vload4(0, ptr));
        }
    }

    int4 bgra = -yx[0][0] -yx[0][1]    -yx[0][2]
```

```
                -yx[1][0] +yx[1][1] * 8 -yx[1][2]

                -yx[2][0] -yx[2][1]    -yx[2][2];
    bgra.w = 255;

    ptr = out + ((y + 1) * width + (x + 1)) * 4;
    vstore4(convert_uchar4_sat(bgra), 0, ptr);
}
```

9-3-2 実行例

　本プログラムを実行し、処理した画像をいくつか示します。最初にエッジ強調、そしてソフトフォーカスとラプラシアンフィルタの処理を施した画像を示します。

```
実行例
>python filterVec4.py Parrots.jpg Parrots_sharpen.jpg sharpen.cl

>python filterVec4.py Parrots.jpg Parrots_soften.jpg soften.cl

>python filterVec4.py Parrots.jpg Parrots_lap8.jpg lap8.cl
```

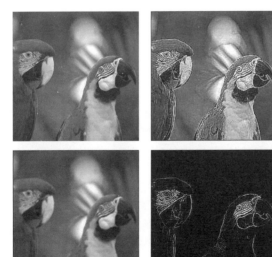

図9.4●原画像と処理後の画像（エッジ強調、ソフトフォーカス、ラプラシアン）

9-4 RGB 三成分の同時処理

次に、同時に三つ（RGB）を処理するものを紹介します。

9-4-1 カーネルプログラム

最初にエッジ強調を行うカーネルを示します。

リスト9.11●09_filterVecLdStPtr/sharpen_3.cl

```
__kernel void clCode(
        __global const uchar* in,
        __global uchar* out)
{
    const int y = get_global_id(0);
    const int x = get_global_id(1);
    const int width = get_global_size(1) + 2;

    __global unsigned char* ptr;
    int3 yx[3][3];

    for(int dY = 0; dY < 3; dY++)
    {
        for(int dX = 0; dX < 3; dX++)
        {
            ptr = in + ((y + dY) * width + (x + dX)) * 3;
            yx[dY][dX] = convert_int3(vload3(0, ptr));
        }
    }

    int3 bgra = -yx[0][0] -yx[0][1]     -yx[0][2]

                -yx[1][0] +yx[1][1] * 9 -yx[1][2]

                -yx[2][0] -yx[2][1]     -yx[2][2];

    ptr = out + ((y + 1) * width + (x + 1)) * 3;
    vstore3(convert_uchar3_sat(bgra), 0, ptr);
}
```

vloadn/vstoren 組み込み関数に指定できるオフセットは、n の整数倍として解釈されます。先のプログラムは、vload4/vstore4 の組み合わせを使っていますが、本プログラムは、vload3/vstore3 の組み合わせを使います。

次に、ソフトフォーカスとラプラシアンフィルタ処理を行うカーネルを示します。

リスト9.12●09_filterVecLdStPtr/soften_3.cl

```
__kernel void clCode(
        __global const uchar* in,
        __global uchar* out)
{
    const int y = get_global_id(0);
    const int x = get_global_id(1);
    const int width = get_global_size(1) + 2;

    __global unsigned char* ptr;
    int3 yx[3][3];

    for(int dY = 0; dY < 3; dY++)
    {
        for(int dX = 0; dX < 3; dX++)
        {
            ptr = in + ((y + dY) * width + (x + dX)) * 3;
            yx[dY][dX] = convert_int3(vload3(0, ptr));
        }
    }

    int3 bgra = +yx[0][0] +yx[0][1] +yx[0][2]

               +yx[1][0] +yx[1][1] +yx[1][2]

               +yx[2][0] +yx[2][1] +yx[2][2];
    bgra /= 9;

    ptr = out + ((y + 1) * width + (x + 1)) * 3;
    vstore3(convert_uchar3_sat(bgra), 0, ptr);
}
```

リスト9.13●09_filterVecLdStPtr/lap8_3.cl

```
__kernel void clCode(
        __global const uchar* in,
        __global uchar* out)
```

```
{
    const int y = get_global_id(0);
    const int x = get_global_id(1);
    const int width = get_global_size(1) + 2;

    __global unsigned char* ptr;
    int3 yx[3][3];

    for(int dY = 0; dY < 3; dY++)
    {
        for(int dX = 0; dX < 3; dX++)
        {
            ptr = in + ((y + dY) * width + (x + dX)) * 3;
            yx[dY][dX] = convert_int3(vload3(0, ptr));
        }
    }

    int3 bgra = -yx[0][0] -yx[0][1]     -yx[0][2]

                -yx[1][0] +yx[1][1] * 8 -yx[1][2]

                -yx[2][0] -yx[2][1]     -yx[2][2];

    ptr = out + ((y + 1) * width + (x + 1)) * 3;
    vstore3(convert_uchar3_sat(bgra), 0, ptr);
}
```

9-4-2 実行例

本プログラムを実行し、処理した画像をいくつか示します。最初にエッジ強調、そしてソフトフォーカスとラプラシアンフィルタの処理を施した画像を示します。

実行例

```
>python filter.py Lenna.jpg Lenna_sharpen_3.jpg sharpen_3.cl

>python filter.py Lenna.jpg Lenna_soften_3.jpg soften_3.cl

>python filter.py Lenna.jpg Lenna_lap8_3.jpg lap8_3.cl
```

9-4 RGB三成分の同時処理

図9.5●原画像と処理後の画像(エッジ強調、ソフトフォーカス、ラプラシアン)

第10章

大きなオペレータで画像処理

10 大きなオペレータで画像処理

　これまでのフィルタは3×3のオペレータを使用しています。ここでは、広い範囲を対象とした画像フィルタの基礎を学びます。以降に、プログラムの概念を図で示します。これまでのプログラムと大きく異なるのは、オペレータまでホストプログラムが用意する点です。

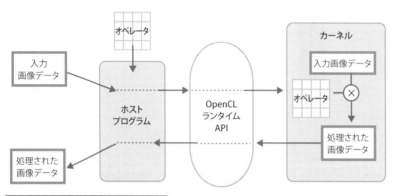

図10.1●プログラムの処理概要

10-1　5×5のオペレータを使用して画像処理

　5×5のオペレータを使用したソフトフォーカス（移動平均）処理を行うフィルタプログラムを紹介します。これまではオペレータ自体はカーネルが保持していました。本節のプログラムはオペレータをホスト側が保持しており、ホストプログラムからデバイス側へ引数で受け渡します。

10-1-1　ホストプログラム

　以降に、ホスト側プログラムのソースリストを示します。

リスト10.1●10_filterBigOp/filterOp.py（ホストプログラム）

```
import pyopencl as cl
import numpy as np
from PIL import Image
import sys
```

```python
def load_image_to_array(path):
    '''
    Loads image into 3D Numpy array of shape(height, width, channels)
    '''
    with Image.open(path) as image:
        arr = np.fromstring(image.tobytes(), dtype=np.uint8)
        width, height = image.size
        channels = 3
        arr = arr.reshape(height, width, channels)
    return arr


def load_kernel(path):
    '''
    Loads kernel source
    '''
    kenrlFile = open(path)
    src = kenrlFile.read()
    return src


def opencl(iArr, src):
    '''
    opencl
    '''
    op = np.float32(
        [
            [ 1.0/25.0, 1.0/25.0, 1.0/25.0, 1.0/25.0, 1.0/25.0 ],
            [ 1.0/25.0, 1.0/25.0, 1.0/25.0, 1.0/25.0, 1.0/25.0 ],
            [ 1.0/25.0, 1.0/25.0, 1.0/25.0, 1.0/25.0, 1.0/25.0 ],
            [ 1.0/25.0, 1.0/25.0, 1.0/25.0, 1.0/25.0, 1.0/25.0 ],
            [ 1.0/25.0, 1.0/25.0, 1.0/25.0, 1.0/25.0, 1.0/25.0 ]
        ]
    )

    context = cl.create_some_context(interactive=False)
    queue = cl.CommandQueue(context)
    program = cl.Program(context, src).build()

    oArr = np.zeros_like(iArr)

    mf = cl.mem_flags
    iArr_buf = cl.Buffer(context, mf.READ_ONLY | mf.COPY_HOST_PTR, hostbuf=iArr)
    oArr_buf = cl.Buffer(context, mf.WRITE_ONLY | mf.COPY_HOST_PTR, hostbuf=oArr)
```

10 大きなオペレータで画像処理

```
        op_buf   = cl.Buffer(context, mf.READ_ONLY | mf.COPY_HOST_PTR, hostbuf=op)

        op_size  = np.int32(op.shape[0])
        height = iArr.shape[0] - op.shape[0]//2 * 2
        width  = iArr.shape[1] - op.shape[1]//2 * 2
        program.clCode(queue, (height, width), None, iArr_buf, oArr_buf, op_buf, op_size)

        cl.enqueue_copy(queue, oArr, oArr_buf)
        return oArr


if __name__ == '__main__':
    '''
    Usage:
        python foo.py bar.jpg baz.jpg kernel.cl'
    '''
    if (len(sys.argv) != 4):
        print( 'Usage:')
        print( '    python %s <in> <out> <kernel>' % sys.argv[0])
        quit()

    iArr = load_image_to_array(sys.argv[1])

    src = load_kernel(sys.argv[3])

    oArr = opencl(iArr, src)

    image = Image.fromarray(oArr)
    image.save(sys.argv[2])
```

　メイン関数、load_image_to_array 関数、そして load_kernel 関数は、これまでと同様ですので説明は省きます。opencl 関数内に、オペレータを二次元配列として宣言します。オペレータは、必ず n×n であり、かつ n は奇数でなければなりません。メモリオブジェクトなどの生成なども、これまでと同様です。

　これまでと異なるのはグローバルワークアイテム数の算出方法です。これまでは、カーネルのサイズは 3×3 でしたので、グローバルワークアイテム数は (高さ − 2, 横幅 − 2) でした。2 の算出はオペレータサイズが 3 ですので、(int(3/2) * 2) から算出できるため、その値をハードコードしていました。ここでは、前記の式からグローバルワークアイテム数を算出します。この値を使用してカーネルを呼び出します。ワークアイテム数は、画像サイズとオペレータのサイズによって変わります。このような方法を採用すると、オペレータサイズを変更してもほかの部分へ影響が及びません。詳細はソースコードを参照してください。

10-1-2　カーネルプログラム

　以降にカーネルを示します。本節のプログラムではソフトフォーカス処理を行いますが、カーネルはホストから渡されたオペレータを使用して行列処理を行うだけで、どのようなフィルタ処理が行われているかを意識する必要はありません。フィルタの種別はホストが渡したオペレータによって決定されます。

リスト10.2●10_filterBigOp/kernel.cl

```
__kernel void clCode(
        __global const uchar* in,
        __global uchar* out,
        __global const float* op,
        const int opSize)
{
    const int y = get_global_id(0);
    const int x = get_global_id(1);
    const int width = get_global_size(1) + opSize - 1;

    const int rowPitch = width * 3;

    for(int rgb = 0; rgb < 3; rgb++)              // rgb
    {
        float value = 0.0f;

        for(int dy = 0; dy < opSize; dy++)         // y
        {
            for(int dx = 0; dx < opSize; dx++)     // x
            {
                value += (float)in[(y + dy) * rowPitch
                        + (x + dx) * 3 + rgb] * op[dy * opSize + dx];
            }
        }
        out[(y + (opSize / 2)) * rowPitch + (x + (opSize / 2)) * 3 + rgb]
                                    = convert_uchar_sat(value);
    }
}
```

　引数にはメモリオブジェクトinとoutが渡されます。inが参照側メモリオブジェクト、outが処理結果を格納するメモリオブジェクトです。次にfloat形式のオペレータ、そしてオペレータのサイズを受け取ります。各色成分をrgbのforループ、列をdyのforループへ、そして行をdxのforループで処理します。本カーネルが5×5のオペレータを受け取っ

10 大きなオペレータで画像処理

た際の動作を図に示します。

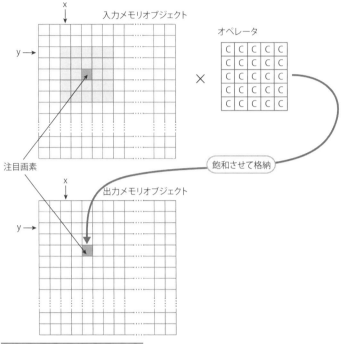

図10.2●オペレータの処理

10-1-3 実行例

本プログラムの実行例を示します。オペレータから分かりますが、ソフトフォーカス処理を行います。これまでよりオペレータが大きいためソフトフォーカスの効果は大きくなります。以降に、原画像と処理した画像を示します。

> **実行例**
>
> ```
> (C:¥Anaconda3) C:¥test>python filterOp.py ¥in¥Lenna.jpg Lennakernel5x5.bmp kernel.cl
> ```

図10.3●原画像と処理後の画像

紙面では分かりにくいため、一部を拡大して示します。

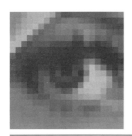 

図10.4●原画像の一部拡大と処理後画像の一部拡大

画像を変更してみましょう。

> 実行例

```
(C:¥Anaconda3) C:¥test>python filterOp.py ¥in¥Parrots.jpg Parrotskernel5x5.bmp kernel.cl
```

図10.5●原画像と処理後の画像

こちらも、一部を拡大して示します。

図10.6●原画像の一部拡大と処理後画像の一部拡大

10-2 オペレータを読み込む

　先のプログラム（リスト 10.1）を少し改良し、オペレータ自体を別ファイルから読み込み、ホストプログラムからデバイス側へ引数で受け渡すフィルタプログラムを紹介します。カーネルプログラムは先と同じものを使用します。

10-2-1　ホストプログラム

以降に、ホスト側プログラムのソースリストを示します。

リスト10.3●10_filterBigOp/filterReadOp.py（ホストプログラム）

```python
import pyopencl as cl
import numpy as np
from PIL import Image
import sys

def load_list_to_np_float32(path):
    '''
    Loads list into 2D Numpy float32 array
    '''
```

```
    with open(path) as f:
        strOp=f.read()
    listOp=eval(strOp)
    op = np.float32(listOp)
    return op


def load_image_to_array(path):
    '''
    Loads image into 3D Numpy array of shape(height, width, channels)
    '''
    with Image.open(path) as image:
        arr = np.fromstring(image.tobytes(), dtype=np.uint8)
        width, height = image.size
        channels = 3
        arr = arr.reshape(height, width, channels)
    return arr


def load_kernel(path):
    '''
    Loads kernel source
    '''
    kenrlFile = open(path)
    src = kenrlFile.read()
    return src


def opencl(iArr, src, op):
    '''
    opencl
    '''

    context = cl.create_some_context(interactive=False)
    queue = cl.CommandQueue(context)
    program = cl.Program(context, src).build()

    oArr = np.zeros_like(iArr)

    mf = cl.mem_flags
    iArr_buf = cl.Buffer(context, mf.READ_ONLY | mf.COPY_HOST_PTR, hostbuf=iArr)
    oArr_buf = cl.Buffer(context, mf.WRITE_ONLY | mf.COPY_HOST_PTR, hostbuf=oArr)
    op_buf   = cl.Buffer(context, mf.READ_ONLY | mf.COPY_HOST_PTR, hostbuf=op)

    op_size = np.int32(op.shape[0])
    height = iArr.shape[0] - op.shape[0]//2 * 2
```

```
        width  = iArr.shape[1] - op.shape[1]//2 * 2
        program.clCode(queue, (height, width), None, iArr_buf, oArr_buf, op_buf, op_size)

        cl.enqueue_copy(queue, oArr, oArr_buf)
        return oArr


if __name__ == '__main__':
    '''
    Usage:
        python foo.py bar.jpg baz.jpg kernel.cl'
    '''
    if (len(sys.argv) != 5):
        print( 'Usage:')
        print( '       python %s <in> <out> <operator> <kernel>' % sys.argv[0])
        quit()

    iArr = load_image_to_array(sys.argv[1])

    src = load_kernel(sys.argv[3])
    op = load_list_to_np_float32(sys.argv[4])

    oArr = opencl(iArr, src, op)

    image = Image.fromarray(oArr)
    image.save(sys.argv[2])
```

リスト 10.1 のプログラムと異なる点を中心に解説します。本プログラムは先のプログラムと違い、オペレータを別ファイルから読み込みます。このため、引数にオペレータのファイル名が指定されているかチェックします。オペレータの読み込みは load_list_to_np_float32 関数で行います。

opencl 関数は、前節と近いですがオペレータを引数で受け取る点が異なります。load_list_to_np_float32 関数は新規に追加した関数です。指定されたオペレータファイルを読み込み、二次元の numpy.array へ変換して返します。

10-2-2 実行例（移動平均フィルタ）

load_list_to_np_float32 関数が読み込むファイルに格納されているオペレータの形式を示します。

リスト10.4●10_filterBigOp/movingAvarage5x5.list (5×5移動平均)

```
[
[ 1.0/25.0, 1.0/25.0, 1.0/25.0, 1.0/25.0, 1.0/25.0 ],
[ 1.0/25.0, 1.0/25.0, 1.0/25.0, 1.0/25.0, 1.0/25.0 ],
[ 1.0/25.0, 1.0/25.0, 1.0/25.0, 1.0/25.0, 1.0/25.0 ],
[ 1.0/25.0, 1.0/25.0, 1.0/25.0, 1.0/25.0, 1.0/25.0 ],
[ 1.0/25.0, 1.0/25.0, 1.0/25.0, 1.0/25.0, 1.0/25.0 ]
]
```

　いくつかの実行結果を示します。前節と違いオペレータをコマンドラインで与えることができます。カーネルは前節と同じものを使用します。まず、ソフトフォーカスの例を示します。オペレータは先に示した通りです。

実行例

(C:¥Anaconda3) C:¥test>python filterReadOp.py ¥in¥Lenna.jpg Lenna_movingAvarage5x5.jpg kernel.cl movingAvarage5x5.list

図10.7●原画像と平滑化処理後（オペレータのサイズは5×5）の画像

　与えるオペレータのファイル名を変更し、平滑化のサイズを9×9へ変更した例を示します。

実行例

(C:¥Anaconda3) C:¥test>python filterReadOp.py ¥in¥Lenna.jpg Lenna_movingAvarage9x9.jpg kernel.cl movingAvarage9x9.list

　以降に、オペレータファイルの内容を示します。

リスト10.5●10_filterBigOp/movingAvarage9x9.list (9×9移動平均)

```
[
[ 1.0/81.0, 1.0/81.0, 1.0/81.0, 1.0/81.0, 1.0/81.0, 1.0/81.0, 1.0/81.0, 1.0/81.0, 1.0/81.0 ],
[ 1.0/81.0, 1.0/81.0, 1.0/81.0, 1.0/81.0, 1.0/81.0, 1.0/81.0, 1.0/81.0, 1.0/81.0, 1.0/81.0 ],
[ 1.0/81.0, 1.0/81.0, 1.0/81.0, 1.0/81.0, 1.0/81.0, 1.0/81.0, 1.0/81.0, 1.0/81.0, 1.0/81.0 ],
[ 1.0/81.0, 1.0/81.0, 1.0/81.0, 1.0/81.0, 1.0/81.0, 1.0/81.0, 1.0/81.0, 1.0/81.0, 1.0/81.0 ],
[ 1.0/81.0, 1.0/81.0, 1.0/81.0, 1.0/81.0, 1.0/81.0, 1.0/81.0, 1.0/81.0, 1.0/81.0, 1.0/81.0 ],
[ 1.0/81.0, 1.0/81.0, 1.0/81.0, 1.0/81.0, 1.0/81.0, 1.0/81.0, 1.0/81.0, 1.0/81.0, 1.0/81.0 ],
[ 1.0/81.0, 1.0/81.0, 1.0/81.0, 1.0/81.0, 1.0/81.0, 1.0/81.0, 1.0/81.0, 1.0/81.0, 1.0/81.0 ],
[ 1.0/81.0, 1.0/81.0, 1.0/81.0, 1.0/81.0, 1.0/81.0, 1.0/81.0, 1.0/81.0, 1.0/81.0, 1.0/81.0 ],
[ 1.0/81.0, 1.0/81.0, 1.0/81.0, 1.0/81.0, 1.0/81.0, 1.0/81.0, 1.0/81.0, 1.0/81.0, 1.0/81.0 ]
]
```

図10.8●平滑化処理後（オペレータのサイズは9×9）の画像

　オペレータのサイズが大きくなると、画像周辺の処理されない画素も多くなって目立ちます。処理結果が紙面では分かりにくいため、一部を拡大して示します。

図10.9●画像の一部拡大（原画像、5×5オペレータ、9×9オペレータ）

10-2-3 実行例(ガウシアンフィルタ)

次に3×3のガウシアンフィルタの例を示します。

実行例

```
(C:\Anaconda3) C:\test>python filterReadOp.py \in\Lenna.jpg Lenna_gaussian3x3.jpg kernel.cl gaussian3x3.list
```

以降に、オペレータファイルの内容を示します。

リスト10.6●10_filterBigOp/gaussian3x3.list (3x3ガウシアン)

```
[
[ 1.0/16.0, 2.0/16.0, 1.0/16.0 ],
[ 2.0/16.0, 4.0/16.0, 2.0/16.0 ],
[ 1.0/16.0, 2.0/16.0, 1.0/16.0 ]
]
```

図10.10●原画像と処理後の画像

今度は、5×5のガウシアンフィルタの例を示します。

実行例

```
(C:\Anaconda3) C:\test>python filterReadOp.py \in\Lenna.jpg Lenna_gaussian5x5.jpg kernel.cl gaussian5x5.list
```

リスト10.7●10_filterBigOp/gaussian5x5.list (5×5ガウシアン)

```
[
[ 1.0/256.0,  4.0/256.0,  6.0/256.0,  4.0/256.0, 1.0/256.0 ],
[ 4.0/256.0, 16.0/256.0, 24.0/256.0, 16.0/256.0, 4.0/256.0 ],
[ 6.0/256.0, 24.0/256.0, 36.0/256.0, 24.0/256.0, 6.0/256.0 ],
[ 4.0/256.0, 16.0/256.0, 24.0/256.0, 16.0/256.0, 4.0/256.0 ],
[ 1.0/256.0,  4.0/256.0,  6.0/256.0,  4.0/256.0, 1.0/256.0 ]
]
```

図10.11●処理後の画像

　処理結果が紙面では分かりにくいため、一部を拡大して示します。単純な平滑化と違い、平滑化されながらもエッジが残っています。

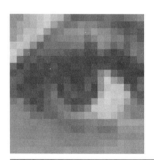  

図10.12●画像の一部拡大（原画像、3x3オペレータ、5x5オペレータ）

10-3 オペレータを生成

　先のプログラムを少し改良し、オペレータ自体を自身で生成するプログラムを紹介します。カーネルプログラムは先と同じものを使用します。

10-3-1 ホストプログラム

　以降に、ホスト側プログラムのソースリストを示します。

リスト10.8 ● 10_filterBigOp/filterGenOp.py (ホストプログラム)

```python
import pyopencl as cl
import numpy as np
from PIL import Image
import sys
import math


def createOp(rows, cols):
    cosTbl = np.empty((rows, cols), np.float32)
    center = (rows/2, cols/2)
    radius = math.hypot(center[0], center[1])

    for r in range(rows):
        for c in range(cols):
            #distance from center
            distance = math.hypot((center[0] - r), (center[1] - c))

            #radius=current radian
            radian = (distance / radius) * math.pi

            #normalize -1.0~1.0 to 0~1.0
            Y = (math.cos(radian) + 1.0) / 2.0
            cosTbl[r, c] = Y

    # normalize cosTbl.sum() to 1.0
    total = cosTbl.sum()
    op = cosTbl / total
    return op
```

10 大きなオペレータで画像処理

```python
def load_image_to_array(path):
    '''
    Loads image into 3D Numpy array of shape(height, width, channels)
    '''
    with Image.open(path) as image:
        arr = np.fromstring(image.tobytes(), dtype=np.uint8)
        width, height = image.size
        channels = 3
        arr = arr.reshape(height, width, channels)
    return arr


def load_kernel(path):
    '''
    Loads kernel source
    '''
    kenrlFile = open(path)
    src = kenrlFile.read()
    return src


def opencl(iArr, src, op):
    '''
    opencl
    '''
    context = cl.create_some_context(interactive=False)
    queue = cl.CommandQueue(context)
    program = cl.Program(context, src).build()

    oArr = np.zeros_like(iArr)

    mf = cl.mem_flags
    iArr_buf = cl.Buffer(context, mf.READ_ONLY  | mf.COPY_HOST_PTR, hostbuf=iArr)
    oArr_buf = cl.Buffer(context, mf.WRITE_ONLY | mf.COPY_HOST_PTR, hostbuf=oArr)
    op_buf   = cl.Buffer(context, mf.READ_ONLY  | mf.COPY_HOST_PTR, hostbuf=op)

    op_size = np.int32(op.shape[0])
    height = iArr.shape[0] - op.shape[0]//2 * 2
    width  = iArr.shape[1] - op.shape[1]//2 * 2
    program.clCode(queue, (height, width), None, iArr_buf, oArr_buf, op_buf, op_size)

    cl.enqueue_copy(queue, oArr, oArr_buf)
    return oArr
```

```
if __name__ == '__main__':
    '''
    Usage:
         python foo.py bar.jpg baz.jpg kernel.cl'
    '''
    if (len(sys.argv) != 5):
        print( 'Usage:')
        print( '       python %s <in> <out> <kernel> <size>' % sys.argv[0])
        quit()

    iArr = load_image_to_array(sys.argv[1])

    src = load_kernel(sys.argv[3])

    size = int(sys.argv[4])
    if(size % 2 == 0):
        print( 'size must be an odd number')
        quit()

    op = createOp(size, size)

    oArr = opencl(iArr, src, op)

    image = Image.fromarray(oArr)
    image.save(sys.argv[2])
```

　本プログラムは先のプログラムと違い、オペレータを別ファイルから読み込まず、自身で生成します。このため、引数にオペレータのサイズが指定されており、それが奇数であるかチェックします。オペレータの生成は createOp 関数で行います。opencl 関数は、前節とまったく同じです。

　オペレータのサイズを引数で受け取りますが、オペレータのサイズは必ず奇数でなければなりませんので、値をチェックし、もし偶数ならプログラムを終了させます。また、画像に対しオペレータのサイズは小さくなければなりませんが、こちらの値のチェックは行っていません。大きなサイズのオペレータを試したい場合は、画像も十分大きな画像を使用してください。

　前節のプログラムでは、load_list_to_np_float32 関数でオペレータを読み込みましたが、本プログラムは、createOp 関数でオペレータを生成します。

10-3-2 オペレータ生成関数

createOp 関数は横幅と縦幅を受け取ります。この関数は、5-2 節「少し複雑な行列（画像）の生成」で紹介した関数を少し改良したものです。この関数が生成する行列は、中心から外に向かうほど cos カーブで値が小さくなります。各要素の値は、四角形に外接する円を想定し半径を π と規定します。画素の中心からの距離を求め、(π − 中心からの距離) を cos へ与えることによって座標位置の値を決定します。中心からの処理対象画素の距離は、画素の座標を (X,Y) 、中心座標を (X_c, Y_c) とした場合、$\sqrt{(X_c - X)^2 + (Y_c - Y)^2}$ で求めることができます。この値を distance と定義すると、cos へ与える値は、$\sqrt{(X_c - X)^2 + (Y_c - Y)^2}/\pi$ で求めることができます。この値を θ' と定義します。このままでは $\cos\theta'$ は $-1.0 \sim 1.0$ を返しますので、これを $0.0 \sim 1.0$ へ正規化します。このような値を保持する float32 の numpy.ndarray を生成し、cosTbl へ設定します。以降に、生成される cosTbl 配列を可視化したものと、行列の中心部を横方向に移動した際の、値の変化を図で示します。

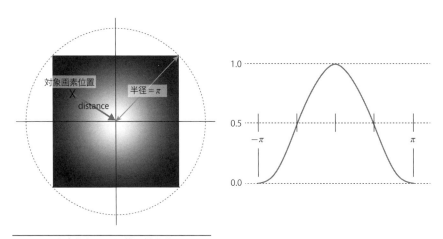

図10.13●中心からの距離で値を求める

このまま使用すると注目画素の値がとんでもない値になってしまう可能性があるので、オペレータの全要素を加算した値が 1.0 になるように各画素の値を正規化します。この配列を呼び出し元へ返します。

移動平均フィルタは、注目画素周辺の輝度値を単に平均していますが、一般的な画像では、注目画素に近い画素は注目画素へ与える影響が大きく、注目画素から遠くなればなるほど注目画素へ与える影響は小さくなります。このようにすると、平滑化を行うと同時にノイズを除去できます。

ここで生成したオペレータは、注目画素に近いほど平均値を計算するときの重みを大きくし、遠くなるほど重みを小さくするガウシアンフィルタの一種です。

10-3-3 実行例

いくつかの実行結果を示します。前節と違いオペレータサイズをコマンドラインで与えることができます。カーネルは前節と同じものを使用します。まず、オペレータサイズに 5 を指定した例を示します。

実行例

```
(C:¥Anaconda3) C:¥test>python filterGenOp.py Lenna.jpg Lenna_5x5.jpg kernel.cl 5
```

図10.14●原画像と処理後の画像

次に、オペレータサイズに 55 を指定した例を示します。

実行例

```
(C:¥Anaconda3) C:¥test>python filterGenOp.py ¥in¥Lenna.jpg Lenna_55x55.jpg kernel.cl 55
```

図10.15●処理後の画像

　オペレータのサイズが大きいため、画像周辺の処理されない画素が多くなって目立ちます。処理結果が紙面では分かりにくいため、一部を拡大して示します。オペレータサイズに55を指定したものは、平滑化されすぎて、ほとんど原画像の面影はありません。

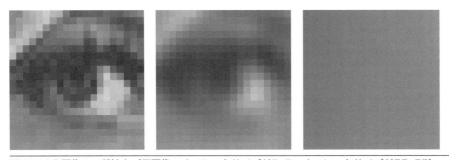

図10.16●画像の一部拡大（原画像、オペレータサイズが5x5、オペレータサイズが55x55）

第11章

座標変換

11 座標変換

本章では、座標変換を行うプログラムをいくつか紹介します。

11-1 拡大縮小処理

画像を拡大縮小するプログラムを紹介します。以降に、プログラムの動作概要を図で示します。

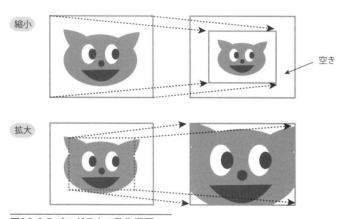

図11.1●プログラムの動作概要

プログラムを簡単にするため、処理後の画像サイズを処理前の画像サイズと同一にしています。このため、縮小したときは周りに空き領域ができ、拡大したときは一部がはみ出して表示されません。拡大縮小の原点は、画像の中心点です。実際に本節のプログラムで縮小処理した例を示します。

図11.2●原画像と縮小処理後の画像

おおまかな処理の流れは、これまでに見てきたプログラムとほぼ同じです。拡大縮小率をコマンドラインで受け取るため、コマンドラインの処理とopencl関数の引数に拡大縮小率が増えるくらいです。

11-1-1 ホストプログラム

以降に、ホスト側プログラムのソースリストを示します。

リスト11.1●11_geometryZoom/zoom.py (ホストプログラム)

```python
import pyopencl as cl
import numpy as np
from PIL import Image
import sys


def load_image_to_array(path):
    '''
    Loads image into 3D Numpy array of shape(height, width, channels)
    '''
    with Image.open(path) as image:
        arr = np.fromstring(image.tobytes(), dtype=np.uint8)
        width, height = image.size
        channels = 3
        arr = arr.reshape(height, width, channels)
    return arr


def load_kernel(path):
    '''
    Loads kernel source
    '''
    kenrlFile = open(path)
    src = kenrlFile.read()
    return src


def opencl(iArr, src, zoom):
    '''
    opencl
    '''
    context = cl.create_some_context(interactive=False)
```

```
    queue = cl.CommandQueue(context)

    program = cl.Program(context, src).build()

    oArr = np.empty_like(iArr)

    mf = cl.mem_flags
    iArr_buf = cl.Buffer(context, mf.READ_ONLY | mf.COPY_HOST_PTR, hostbuf=iArr)
    oArr_buf = cl.Buffer(context, mf.WRITE_ONLY, oArr.nbytes)

    n_zoom = np.float32(zoom)
    program.clCode(queue, oArr.shape[:2], None, iArr_buf, oArr_buf, n_zoom)

    cl.enqueue_copy(queue, oArr, oArr_buf)
    return oArr


if __name__ == '__main__':
    '''
    Usage:
        python foo.py bar.jpg baz.jpg kernel.cl zoom'
    '''
    if (len(sys.argv) != 5):
        print( 'Usage:')
        print( '        python %s <in> <out> <kernel> <zoom>' % sys.argv[0])
        quit()

    iArr = load_image_to_array(sys.argv[1])

    src = load_kernel(sys.argv[3])

    oArr = opencl(iArr, src, float(sys.argv[4]))

    image = Image.fromarray(oArr)
    image.save(sys.argv[2])
```

　本プログラムは四つの引数を要求します。最初の引数は処理対象となる画像ファイル名、二番目の引数は処理した結果を格納する画像ファイル名です。次の二つは、カーネルソースが納められているファイル名と、スケール値（拡大縮小率）です。スケール値は正の実数で与えなければなりません。しかし、プログラムは符号のチェックは行っていません。マイナスの値を与えたときの動作は不定です。

11-1-2 最近傍法のカーネルプログラム

以降に、いくつかのカーネルを示します。カーネルは三つ用意しました。一つは最近傍法を使用したもの、あとの二つは Bilinear 法を異なる方法で記述したものです。まず、最近傍法（Nearest Neighbor Method）で記述したものを示します。

リスト11.2●11_geometryZoom/NearestNeighbor.cl

```
__kernel void
clCode(
        __global const unsigned char* in,
        __global unsigned char* out,
        const float scale)
{
    size_t y = get_global_id(0);
    size_t x = get_global_id(1);
    const int height = get_global_size(0);
    const int width = get_global_size(1);

    int yc = height / 2;          // y center
    int xc = width / 2;           // x center
    int outY = y - yc;            // dest y coord
    int outX = x- xc;             // dest x coord

    int inFixY = (int)round(outY / scale);  // source y coord
    int inFixX = (int)round(outX / scale);  // source x coord

    int dst = (y * width + x) * 3;

    if((inFixY >= -yc) && (inFixY < yc) && (inFixX >= -xc) && (inFixX < xc))
    {
        int src = ( ( (inFixY + yc) * width) + (inFixX + xc) ) * 3;

        out[dst + 0] = in[src + 0]; // r
        out[dst + 1] = in[src + 1]; // g
        out[dst + 2] = in[src + 2]; // b
    }
    else
        out[dst + 0] =              // r
            out[dst + 1] =          // g
                out[dst + 2] = 0;   // b
}
```

引数にはバッファオブジェクト in と out が渡されます。in が参照側バッファオブジェクト、out が処理結果を格納するバッファオブジェクトです。最後の引数 scale は、スケール値（拡大縮小率）です。

処理対象の画素位置は get_global_id で取得します。これによって、自身が処理しなければならない画像の座標を知ることができます。本カーネルは画像の縦横サイズも必要ですので、それぞれ get_global_size(0) と get_global_size(1) から求めます。

画像を単純に拡大縮小する場合、単に元の画像位置をスケール値に乗算し、その座標に原画像の画素をコピーするのが簡単です。以降に概要図を示します。しかし、この方法は整数倍の拡大などには応用できますが、そうでない場合、処理画像に画素がコピーされない座標などが発生してしまいます。

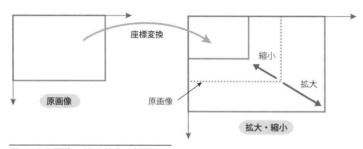

図11.3●画像の拡大縮小の概要

このため、拡大縮小の原点を出力画像の中心に設定し、かつ、変換後の各画素が原画像のどの部分に当たるか、次の逆変換の式で座標を求めます。

$$入力画素位置 = \frac{出力画素位置}{倍率}$$

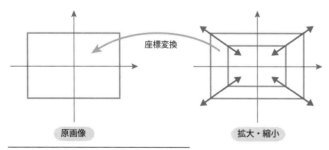

図11.4●逆変換の式で座標を求める

そして、その座標に最も近い原画像の画素をコピーします。

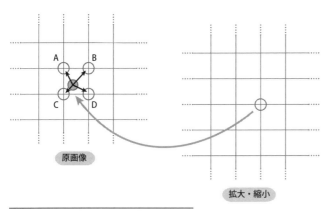

図11.5●最近傍法による画素の選択

上図の例では、最も近いCの画素が採用されます。

カーネルソースの最後の方で、逆変換で求めた座標が入力画像外を指している場合は、出力用の画素をクリアしています。この処理は、ホスト側プログラムで、pyopencl.enqueue_fill_bufferで、バッファを初期化しておくと不要です。pyopencl.enqueue_fill_bufferについては、後述するプログラムで紹介します。

11-1-3　線形補間法のカーネルプログラム

次に、Bilinear（線形補間）法のカーネルを示します。最近傍法と同様に逆変換による処理を行いますが、求めた位置に最も近い画素値をそのままコピーするのではなく、その位置の周囲にある四つの画素情報から線形補間によって求めた値を使用します。

リスト11.3●11_geometryZoom/Bilinear.cl

```
__kernel void
clCode(
        __global const unsigned char* in,
        __global unsigned char* out,
        const float scale)
{
    size_t y = get_global_id(0);
    size_t x = get_global_id(1);
    const int height = get_global_size(0);
    const int width = get_global_size(1);

    int yc = height / 2;             // y center
```

11 座標変換

```
    int xc = width / 2;          // x center
    int outY = y - yc;           // dest y coord
    int outX = x- xc;            // dest x coord

    int inFixY = (int)round(outY / scale);  // source y coord
    int inFixX = (int)round(outX / scale);  // source x coord

    float inY = outY / scale;
    float inX = outX / scale;

    float q = inY - (float)inFixY;
    float p = inX - (float)inFixX;

    inFixX += xc;
    inFixY += yc;

    int dst = (y * width + x) * 3;

    if(inFixY >= 0 && inFixY < height - 1
            && inFixX >= 0 && inFixX < width - 1)
    {
        int r, g, b;

        int srcX0 = inFixX * 3;
        int srcX1 = srcX0 + 3;
        int srcY0 = inFixY * width * 3;
        int srcY1 = srcY0 + (width * 3);

        int src00 = srcY0 + srcX0;
        int src01 = srcY0 + srcX1;
        int src10 = srcY1 + srcX0;
        int src11 = srcY1 + srcX1;

        r=(int)((1.0f-q)*((1.0f-p)*(float)in[src00+0]
                            +p*(float)in[src01+0])
                    +q*((1.0f-p)*(float)in[src10+0]
                            +p*(float)in[src11+0]));

        g=(int)((1.0f-q)*((1.0f-p)*(float)in[src00+1]
                            +p*(float)in[src01+1])
                    +q*((1.0f-p)*(float)in[src10+1]
                            +p*(float)in[src11+1]));

        b=(int)((1.0f-q)*((1.0f-p)*(float)in[src00+2]
                            +p*(float)in[src01+2])
                    +q*((1.0f-p)*(float)in[src10+2]
                            +p*(float)in[src11+2]));
```

```
                out[dst+0] = convert_uchar_sat(r);   // r
                out[dst+1] = convert_uchar_sat(g);   // g
                out[dst+2] = convert_uchar_sat(b);   // b
        }
        else
            out[dst + 0] =              // r
                out[dst + 1] =          // g
                    out[dst + 2] = 0;   // b
}
```

　線形補間とは、関係する画素間を直線で補間する方法です。分かりやすくするため、一次元の補間で説明します。一次元の場合、下図のように両隣の画素の値を直線で結び、それを基にして、計算で得られた座標の値を決定します。

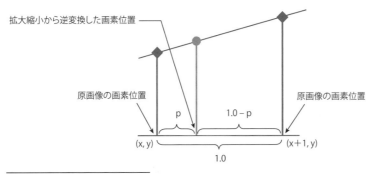

図11.6●線形補間の概念図

　具体的な数値を代入した例を下図に示します。線形補間では、最近傍法よりも滑らかな結果が得られます。

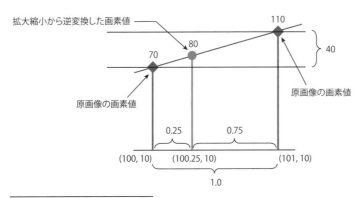

図11.7●線形補間の具体例

11 座標変換

画像は二次元の情報です。このため隣接する四つの画素の値を基に線形補間を行います。下図に、このプログラムで行う二次元の線形補間を示します。

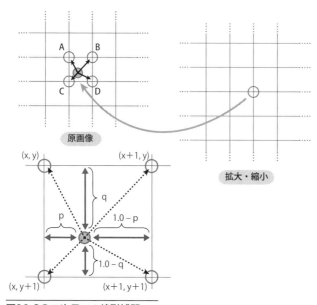

図11.8●二次元での線形補間

処理結果の画素の値は、その座標を逆変換して求めた原画像上の位置の値です。原画像上の座標 (x, y) にある画素の値を in(x, y) とすれば、逆変換で求めた座標 (x+p, y+q) の線形補間による値 out は次の式で計算できます。この式からも分かるように、より近い位置にある画素の値が結果により強く影響します。

$$out = (1.0 - q) \times [\{(1.0 - p) \times in(x, y)\} + \{p \times in(x + 1, y)\}] \\ + [q \times \{(1.0 - p) \times in(x, y + 1)\} + \{p \times in(x + 1, y + 1)\}]$$

以降に、Bilinear 法で記述したものを単純化したカーネルを示します。先のカーネルは RGB をそれぞれ記述していましたが、ここでは for ループへ書き換えて静的なステップ数を減らします。コンパイラやハードウェアに依存しますが、静的ステップ数が多い先のカーネルの方が高速な可能性が高いです。

リスト11.4●11_geometryZoom/BilinearReduceStep.cl

```
__kernel void
clCode(
```

```
            __global const unsigned char* in,
            __global unsigned char* out,
            const float scale)
{
    size_t y = get_global_id(0);
    size_t x = get_global_id(1);
    const int height = get_global_size(0);
    const int width = get_global_size(1);

    int yc = height / 2;         // y center
    int xc = width / 2;          // x center
    int outY = y - yc;           // dest y coord
    int outX = x- xc;            // dest x coord

    int inFixY = (int)round(outY / scale);  // source y coord
    int inFixX = (int)round(outX / scale);  // source x coord

    float inY = outY / scale;
    float inX = outX / scale;

    float q = inY - (float)inFixY;
    float p = inX - (float)inFixX;

    inFixX += xc;
    inFixY += yc;

    int dst = (y * width + x) * 3;

    if(inFixY >= 0 && inFixY < height - 1
            && inFixX >= 0 && inFixX < width - 1)
    {
        int srcX0 = inFixX * 3;
        int srcX1 = srcX0 + 3;
        int srcY0 = inFixY * width * 3;
        int srcY1 = srcY0 + (width * 3);

        int src00 = srcY0 + srcX0;
        int src01 = srcY0 + srcX1;
        int src10 = srcY1 + srcX0;
        int src11 = srcY1 + srcX1;

        for(int rgb = 0; rgb < 3; rgb++)
            out[dst + rgb] = convert_uchar_sat(
                    (int)((1.0f-q)*((1.0f-p)*(float)in[src00+rgb]
                                  +p*(float)in[src01+rgb])
                        +q*((1.0f-p)*(float)in[src10+rgb]
```

```
                              +p*(float)in[src11+rgb]))
                );
        }
        else
            out[dst + 0] =              // r
                out[dst + 1] =          // g
                    out[dst + 2] = 0;   // b
}
```

11-1-4　実行例

それぞれの処理結果を以降に示します。まず、0.8123倍に縮小した画像を示します。処理後の画像サイズを入力画像サイズと同一にしたため、処理後の画像の周りには、空きエリアが存在します。

実行例

```
(C:¥Anaconda3) C:¥test>python zoom.py Lenna.jpg LennaNearestNeighbor_0.8123.jpg NearestNeighbor.cl 0.8123

(C:¥Anaconda3) C:¥test>python zoom.py Lenna.jpg LennaBilinear_0.8123.jpg Bilinear.cl 0.8123
```

図11.9●原画像と縮小処理後の画像（中央・最近傍法、右・Bilinear法）

次に、縮小拡大率に4.1234を指定した結果を示します。処理後の画像サイズを入力画像サイズと同一にしたため、拡大時は画像の一部しか格納されません。

図11.10●拡大処理後の画像（左・最近傍法、右・Bilinear法）

　最近傍法と、Bilinear法による処理結果の違いが分かりにくいので、両方のアルゴリズムで拡大した画像の一部を拡大して表示します。

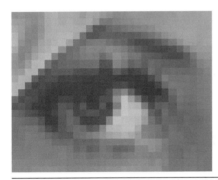 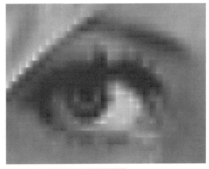

図11.11●画像の一部を拡大表示（左・最近傍法、右・Bilinear法）

　紙面では若干分かりにくいでしょうが、画面で見ると明らかに最近傍法は斜めなどのラインにジャギーが見られます。

11-2 回転処理

　画像を回転するプログラムを紹介します。処理後の画像のサイズを回転後の大きさに合わせて変更することで、回転後の画像が欠けないようにしています。そのかわりに、入力と出力の画像サイズが変わり、プログラムは少し複雑になります。以降に、プログラムの動作概

要を図で示します。

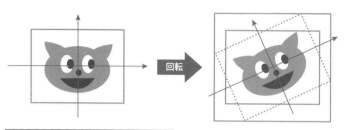

図11.12●プログラムの動作概要

実際に本節のプログラムで処理した例を示します。

図11.13●入力画像と45°回転後の画像

11-2-1 ホストプログラム

以降に、ホスト側プログラムのソースリストを示します。

リスト11.5●11_geometryRotate/rotate.py (ホストプログラム)

```python
import pyopencl as cl
import numpy as np
from PIL import Image
import sys
import math
```

```python
def load_image_to_array(path):
    '''
    Loads image into 3D Numpy array of shape(height, width, channels)
    '''
    with Image.open(path) as image:
        arr = np.fromstring(image.tobytes(), dtype=np.uint8)
        width, height = image.size
        channels = 3
        arr = arr.reshape(height, width, channels)
    return arr


def load_kernel(path):
    '''
    Loads kernel source
    '''
    kenrlFile = open(path)
    src = kenrlFile.read()
    return src


def calcSize(orgShape, degree):
    t_degree = degree

    if (t_degree > 180.0):
        t_degree -= 180.0
    if (t_degree > 90.0):
        t_degree = 180.0 - t_degree

    radian = math.radians(t_degree)

    height, width = orgShape
    outWidth = width * math.cos(radian) + height * math.sin(radian)
    outHeight = width * math.sin(radian) + height * math.cos(radian)

    return (math.ceil(outHeight), math.ceil(outWidth))


def opencl(iArr, src, degree):
    '''
    opencl
    '''
    context = cl.create_some_context(interactive=False)
    queue = cl.CommandQueue(context)

    program = cl.Program(context, src).build()
```

11 座標変換

```python
    newSize = calcSize(iArr.shape[:2], degree)
    oArr = np.empty((newSize[0], newSize[1], 3), np.uint8)

    mf = cl.mem_flags
    iArr_buf = cl.Buffer(context, mf.READ_ONLY | mf.COPY_HOST_PTR, hostbuf=iArr)
    oArr_buf = cl.Buffer(context, mf.WRITE_ONLY, oArr.nbytes)

    n_degree = np.float32(degree)
    n_inHeight = np.int32(iArr.shape[0])
    n_inWidth = np.int32(iArr.shape[1])
    program.clCode(queue, oArr.shape[:2], None, iArr_buf, oArr_buf,
                                      n_degree, n_inHeight, n_inWidth)
    cl.enqueue_copy(queue, oArr, oArr_buf)
    return oArr


if __name__ == '__main__':
    '''
    Usage:
        python foo.py bar.jpg baz.jpg kernel.cl zoom'
    '''
    if (len(sys.argv) != 5):
        print( 'Usage:')
        print( '    python %s <in> <out> <kernel> <degree>' % sys.argv[0])
        quit()

    degree = float(sys.argv[4]);
    if (degree > 360.0 or degree < 0.0):
        print( 'degree must be 0.0 through 360.0.')
        quit()

    iArr = load_image_to_array(sys.argv[1])

    src = load_kernel(sys.argv[3])

    oArr = opencl(iArr, src, degree)

    image = Image.fromarray(oArr)
    image.save(sys.argv[2])
```

　本プログラムは四つの引数を要求します。最初の引数は処理対象となる画像ファイル名、二番目の引数は処理した結果を格納する画像ファイル名です。次の二つは、カーネルソースが納められているファイル名と、回転角度です。回転角度は 0.0 〜 360.0 までの値でなけ

ればなりません。

　calcSize 関数は、回転角度から画像サイズを算出する関数です。本節のプログラムは回転後の画像全体を表示するため、処理後の画像を格納するバッファの大きさを計算しなければなりません。引数として渡される degree は、0 〜 360°までの値を保持します。縦軸と横軸に関する対称移動を考えれば、0 〜 90°までの回転について考えればよいことが分かります。

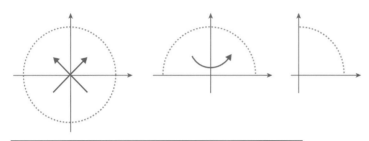

図11.14●画像サイズの算出にあたって考慮すべき回転範囲

　図に示すように 180 〜 270°を 0 〜 90°へ、270 〜 360°を 90 〜 180°へ変換します。その後、90 〜 180°を 0 〜 90°へ変換しますが、θ は 180°から引いた値を使用します。言葉で説明すると分かりにくいので図とプログラムソースを参照してください。この後で、結果表示用バッファオブジェクトの幅と高さを計算します。math.radians で角度をラジアンに変換したのち、変換後の画像を格納するサイズを計算します。回転後の画像全体を表示させるサイズを求める最も単純な方法は、次図に示すように変換後の画像を格納できる最大のサイズである、対角線で描いた円に外接する四角形を処理後のサイズとして使用する方法です。

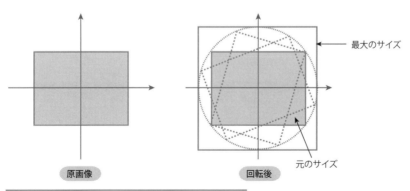

図11.15●表示ウィンドウのサイズを大きくする

しかし、回転角度によっては無駄な領域が確保されてしまいます。そこで、回転角度によって画像サイズを最も適したサイズになるように計算します。以降に、回転角度による回転後の画像サイズの例を示します。

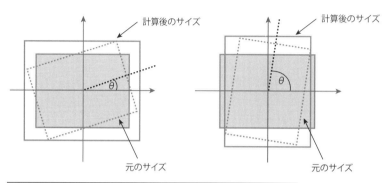

図11.16●回転角度によって変換後の画像サイズを決定する

opencl関数は、これまでと違い入力画像サイズと出力画像サイズが異なります。出力画像サイズの計算は、先ほどのcalcSize関数を呼び出し、newSizeへ格納します。この値を使用して、回転後の画像を格納するバッファを確保します。カーネルの呼び出しで、グローバルワークアイテム数は出力の画像サイズを指定します。さらにカーネルへ回転角度を渡します。これだけだと、入力画像のサイズをカーネルが知ることができないため、入力画像のサイズも渡します。

main関数は、引数の回転角度の範囲をチェックするくらいで、先のプログラムと同様です。

11-2-2　最近傍法のカーネルプログラム

カーネルプログラムは二つ用意しました。一つは最近傍法を使用したもの、もう一つがBilinear法で記述したものです。まず、最近傍法で記述したカーネルを示します。

リスト11.6●11_geometryRotate/NearestNeighbor.cl

```
__kernel void
clCode(
        __global const unsigned char* in,
        __global unsigned char* out,
        const float degree,
        const int inHeight,
        const int inWidth)
```

```
{
    size_t y = get_global_id(0);
    size_t x = get_global_id(1);
    const int outHeight = get_global_size(0);
    const int outWidth = get_global_size(1);

    float radian = radians(degree);

                                    // coord. origin = center
    int outY = y - (outHeight/2);   // dest y coord
    int outX = x - (outWidth/2);    // dest x coord

    float inY = (float)(outX * sin(radian) + outY * cos(radian));
    float inX = (float)(outX * cos(radian) - outY * sin(radian));

    int inFixX = (int)round(inX);   // source y coord
    int inFixY = (int)round(inY);   // source x coord

                                    // coord. origin = upper left
    inFixY += (inHeight / 2);
    inFixX += (inWidth / 2);

    int dst = ((y * outWidth) + x) * 3;

    if(inFixY >= 0 && inFixY < inHeight - 1
            && inFixX >= 0 && inFixX < inWidth - 1)
    {
        int src = ((inFixY * inWidth) + inFixX) * 3;

        for(int rgb = 0; rgb < 3 ;rgb++)
            out[dst + rgb] = in[src + rgb];
    }
    else
        out[dst + 0] =          // r
        out[dst + 1] =          // g
            out[dst + 2] = 255; // b
}
```

引数にはバッファオブジェクト in と out が渡されます。in が参照側バッファオブジェクト、out が処理結果を格納するバッファオブジェクトです。引数 degree は回転角度です。入力画像のサイズを得る方法がないため、これらの値は引数 inHeight と inWidth で受け取ります。

処理対象の画素位置は get_global_id で取得します。これによって、自身が処理しなけ

ればならない画像の座標を知ることができます。回転後の画像の縦横サイズは、それぞれ get_global_size(0) と get_global_size(1) から求めます。

　回転角度を「°」からラジアンに変換し、変換後の画素位置が、どの入力画像位置を指すか計算します。本カーネルは、引数で渡された角度分、画像を反時計方向に回転します。回転角度がθとして、どのように処理するか示します。回転した画像から原画像へ、座標を逆変換して処理します。

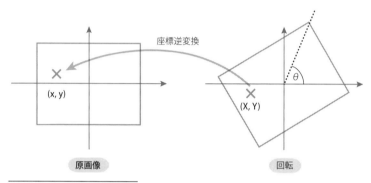

図11.17●座標を逆変換

　回転軸の座標を (Xa, Ya) とし、原画像の座標 (x, y) にある点を反時計方向へ角度θ回転させた点 (X, Y) は次の式で表現できます。

$$X = (x - Xa) \cos \theta + (y - Ya) \sin \theta + Xa$$
$$Y = -(x - Xa) \sin \theta + (y - Ya) \cos \theta + Ya$$

これより、この逆変換は次の式で表すことができます。

$$x = (X - Xa) \cos \theta - (Y - Ya) \sin \theta + Xa$$
$$y = (X - Xa) \sin \theta + (Y - Ya) \cos \theta + Ya$$

　入力画像サイズと、回転後の画像サイズが変わりますので、入力画像の中心と処理画像の中心座標が異なります。図に原画像の中心座標と、回転後の中心座標の違いを示します。

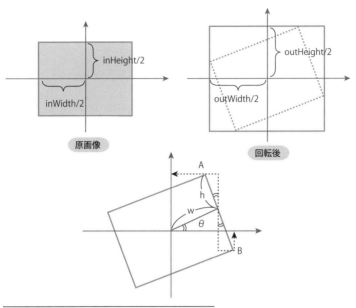

図11.18●頂点の座標から大きさを求める

なお、逆変換を行ったときに、入力画像外を指す場合があります。そのような場合は出力側の画素に既定値を書き込みます。拡大縮小のプログラムでは、対象外に 0 を書き込んだため、縮小したときに黒い枠ができました。ここでは、255 を書き込んだため、余白は白くなります。

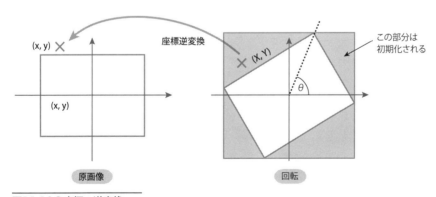

図11.19●座標の逆変換

最近傍法を使用しますので、得られた浮動小数点座標 (inX, inY) を、round 組み込み関数で整数値へ変換します。その座標が示す原画像の画素値をコピーします。

図 11.18 より、結果を格納するバッファオブジェクトの高さと幅は（実際にはバッファオブジェクトに高さや幅という概念はないが）、頂点 A の縦座標と頂点 B の横座標の値を二倍したものです。これを図中の記号を用いると、次の式で表すことができます。

オブジェクトの高さ = $2(w \cdot \sin\theta + h \cdot \cos\theta)$
オブジェクトの幅　 = $2(w \cdot \cos\theta + h \cdot \sin\theta)$

実際のコードは、回転の原点が必ず画像の中心であることを利用し、wとhがすでに二倍された値を使うため、上式のように二倍する処理は必要ありません。この例では、変換元の画像サイズと、変換後の画像サイズが異なるため、回転の変換の前後に行う平行移動の量も別々に管理します。

11-2-3　線形補間法のカーネルプログラム

次に、Bilinear 法で記述したカーネルを示します。

リスト11.7●11_geometryRotate/Bilinear.cl

```
__kernel void
clCode(
        __global const unsigned char* in,
        __global unsigned char* out,
        const float degree,
        const int inHeight,
        const int inWidth)
{
    size_t y = get_global_id(0);
    size_t x = get_global_id(1);
    const int outHeight = get_global_size(0);
    const int outWidth = get_global_size(1);

    float radian = radians(degree);

                                    // coord. origin = center
    int outY = y - (outHeight/2);   // dest y coord
    int outX = x - (outWidth/2);    // dest x coord

    float inY = (float)(outX * sin(radian) + outY * cos(radian));
    float inX = (float)(outX * cos(radian) - outY * sin(radian));

    int inFixX = (int)round(inX);   // source y coord
```

```
        int inFixY = (int)round(inY);    // source x coord

    float q = inY - (float)inFixY;
    float p = inX - (float)inFixX;

                                    // coord. origin = upper left
    inFixY += (inHeight / 2);
    inFixX += (inWidth / 2);

    int dst = ((y * outWidth) + x) * 3;

                                    // coord. origin = upper left

    if(inFixY >= 0 && inFixY < inHeight - 1
            && inFixX >= 0 && inFixX < inWidth - 1)
    {
        int srcX0 = inFixX * 3;
        int srcX1 = srcX0 + 3;
        int srcY0 = inFixY * inWidth * 3;
        int srcY1 = srcY0 + inWidth * 3;

        int src00 = srcY0 + srcX0;
        int src01 = srcY0 + srcX1;
        int src10 = srcY1 + srcX0;
        int src11 = srcY1 + srcX1;

        for(int rgb = 0; rgb < 3; rgb++)
            out[dst+rgb] = convert_uchar_sat(
                (int)((1.0f-q)*((1.0f-p)*(float)in[src00+rgb]
                                    +p*(float)in[src01+rgb])
                            +q*((1.0f-p)*(float)in[src10+rgb]
                                    +p*(float)in[src11+rgb]))
            );
    }
    else
        out[dst + 0] =              // r
            out[dst + 1] =          // g
                out[dst + 2] = 255; // b
}
```

座標変換や補間についてはすでに説明した通りです。

11-2-4 実行例

それぞれの処理結果を以降に示します。15.3°で回転した画像を示します。原画像と、処理後の画像サイズは同じではありません。

> **実行例**
>
> (C:¥Anaconda3) C:¥test>python rotate.py BARBARA.jpg BARBARA_NearestNeighbor.jpg NearestNeighbor.cl 15.3
>
> (C:¥Anaconda3) C:¥test>python rotate.py BARBARA.jpg BARBARA_Bilinear.jpg Bilinear.cl 15.3

入力画像　　　　最近傍法　　　　Bilinear法

図11.20●実行例

紙面では若干分かりにくいでしょうが、画面で見ると明らかに最近傍法は斜めのラインにジャギーが見られます。

第12章

二つのカーネル

12 二つのカーネル

本章では、二つのカーネルを一つのソースファイルに納め、順次呼び出すプログラムを紹介します。

12-1 グレイスケール画像とフィルタ

まず、カラー画像をグレイスケール画像へ変換し、そのグレイスケール画像へフィルタ処理を実施するプログラムを紹介します。一つのコンテキストに複数のカーネルを使います。本節のプログラムは、バッファオブジェクト(メモリオブジェクト、あるいはバッファメモリオブジェクトともいう)を使い回す基本の学習にもなるでしょう。一つのコンテキストに二つのカーネルが存在し、これらはバッファオブジェクトを共用します。以降に、プログラムの動作概要を図で示します。

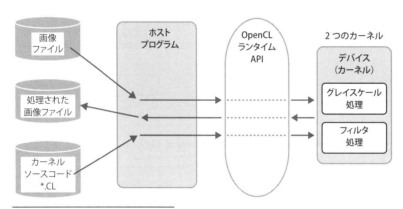

図12.1●プログラムの動作概要

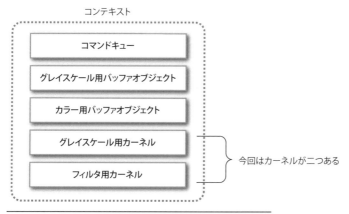

図12.2●一つのコンテキストに二つのカーネルが存在

バッファオブジェクトとカーネルの関係を図に示します。

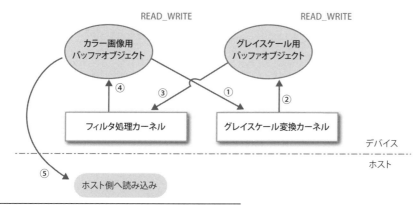

図12.3●バッファオブジェクトとカーネルの関係

　本プログラムは二つのカーネルを使用します。最初、カラー画像をグレイスケールへ変換するカーネルを呼び出します。このカーネルが引数で受け取るのは、入力とするカラー画像が格納されたバッファオブジェクトと、出力とする一ピクセルが一バイトのグレイスケール用バッファオブジェクトです。

　次に、グレイスケール変換されたバッファオブジェクトを入力に、フィルタ処理カーネルが動作し、結果をカラー画像が格納されたバッファオブジェクトへ保存します。フォーマットはカラー形式のバッファですが、RGB各色要素に同じものを格納するため、表示するとグレイスケールです。以降に、コマンドキューへ送出するコマンドの順序を示します。

図12.4●コマンドキューへ送出するコマンドの順序

12-1-1 ホストプログラム

以降に、ホスト側プログラムのソースリストを示します。

リスト12.1●12_twoKernel/filter.py

```python
import pyopencl as cl
import numpy as np
from PIL import Image
import sys


def load_image_to_array(path):
    '''
    Loads image into 3D Numpy array of shape(height, width, channels)
    '''
    with Image.open(path) as image:
        arr = np.fromstring(image.tobytes(), dtype=np.uint8)
        width, height = image.size
        channels = 3
        arr = arr.reshape(height, width, channels)
    return arr


def load_kernel(path):
    '''
    Loads kernel source
    '''
    kenrlFile = open(path)
    src = kenrlFile.read()
    return src


def opencl(iArr, src):
    '''
    opencl
```

```python
    '''
    context = cl.create_some_context(interactive=False)
    queue = cl.CommandQueue(context)

    program = cl.Program(context, src).build()

    gsArr = np.zeros(iArr.shape[:2])

    mf = cl.mem_flags
    rgbArr_buf = cl.Buffer(context, mf.READ_WRITE | mf.COPY_HOST_PTR, hostbuf=iArr)
    gsArr_buf = cl.Buffer(context, mf.READ_WRITE, gsArr.nbytes)

    height, width = iArr.shape[:2]
    program.grayscale(queue, (height, width), None, rgbArr_buf, gsArr_buf)

    #枠を消す
    cl.enqueue_fill_buffer(queue, rgbArr_buf, np.uint8(0), 0, iArr.nbytes)

    gSize = (height - 2, width - 2)
    program.clCode(queue, gSize, None, gsArr_buf, rgbArr_buf)

    rgbArr = np.empty_like(iArr)

    cl.enqueue_copy(queue, rgbArr, rgbArr_buf)
    return rgbArr


if __name__ == '__main__':
    '''
    Usage:
        python foo.py bar.jpg baz.jpg kernel.cl'
    '''
    if (len(sys.argv) != 4):
        print( 'Usage:')
        print( '    python %s <in> <out> <kernel>' % sys.argv[0])
        quit()

    iArr = load_image_to_array(sys.argv[1])

    src = load_kernel(sys.argv[3])

    oArr = opencl(iArr, src)

    image = Image.fromarray(oArr)
    image.save(sys.argv[2])
```

前準備や後処理は、これまでのプログラムと同様ですので、説明は省略します。

これまでと異なる opencl 関数を説明します。グレイスケール画像を格納する gsArr の確保は、入力画像の iArr.shape[:2] を使用し、一ピクセル一バイトとします。バッファ gsArr_buf の生成は Buffer に READ_WRITE を指定します。このバッファオブジェクトは、二つのカーネルで使用するため読み書き可能にします。入力画像用の rgbArr_buf を生成しますが、このバッファは結果の格納にも使用されます。

まず、program.grayscale を呼び出し、カーネルでカラー画像をグレイスケール画像に変換します。次に、変換されたグレイスケール画像をカーネルに渡し、フィルタ処理後、rgbArr_buf へ結果を格納します。ところが、本バッファには入力画像が格納されています。このままカーネルに処理させると、画像の枠に入力画像が残ったままとなってしまいます。

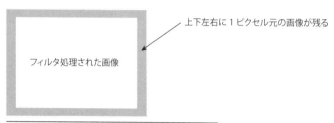

図12.5●画像の上下左右に元の画像が残る

そこで、pyopencl.enqueue_fill_buffer を用いて rgbArr_buf 全体をクリアします。これを行わない結果を知りたければ、この部分をコメントアウトしてください。フィルタ処理カーネルがこのバッファに書き込みますが、3×3オペレータを使用するため、画像の上下左右に元の画像が残ります。

図12.6●フィルタカーネルの実行要求をキューする前に、pyopencl.enqueue_fill_bufferでオブジェクト全体を黒色で塗りつぶす

最初のカーネルには二つの引数を渡します。変換元の画像が格納されているバッファオブジェクトと、カーネルで変換した画像が格納されるバッファオブジェクトです。最初のカーネルでは全画素を対象にグレイスケール変換を行うため、グローバルワークアイテム数に全

画素数を指定します。

　次に、フィルタ処理用のカーネルを呼び出します。このカーネルの引数には、先のカーネルに渡した二つの引数の順序を逆にして渡します。これは、先のカーネルの出力をこのカーネルの入力とし、さらに、先のカーネルの入力をこのカーネルの出力先として再利用するためです。画像を処理するので、二次元のデータ並列を使用します。先のカーネルと違ってこのフィルタ処理カーネルは３×３のオペレータを使用するため、グローバルワークアイテム数として幅と高さをそれぞれ−２した値を与えます。

　最後に、処理後のバッファオブジェクトをホスト側へ読み込みます。これで、グレイスケール化し、フィルタ処理を行った画像ができあがります。

12-1-2　カーネルプログラム

　本節のカーネルは、一つのソースファイルに二つのカーネルを含みます。一つがカラー画像をグレイスケール画像へ変換するカーネル、もう一つがフィルタ処理を実行するカーネルです。これまで同様、本プログラムはコマンドラインにカーネルのソースが納められているファイルを指定します。これで、異なるフィルタ処理を同じホストプログラムで処理できます。以降に、いくつかのカーネルを紹介します。

　エンボス処理は、画像へ彫刻を施したような処理を行うフィルタです。これは、エッジ抽出処理を変形したものです。凹凸はエッジ強調のオペレータによって変更できます。ここでは、一種類のエンボスフィルタを紹介します。

リスト12.2●12_twoKernel/embossMono.cl

```
/*
 * emmboss
 */
__kernel void
clCode(
        __global const uchar* gs,
        __global uchar* rgb)
{
    const int y = get_global_id(0);
    const int x = get_global_id(1);
    const int width = get_global_size(1) + 2;

    int row0 = (y + 0) * width;
    int row1 = (y + 1) * width;
```

```
    int row2 = (y + 2) * width;

    int data = (int)(

                        -gs[row0 + x + 1]

        +gs[row1 + x + 0]                -gs[row1 + x + 2]

                        +gs[row2 + x + 1] );

    data += 128;

    int pos = (((y + 1) * width) + x + 1) * 3;

    rgb[pos + 0] =
        rgb[pos + 1] =
            rgb[pos + 2] = convert_uchar_sat(data);
}


/*
 * grayscale, rgb=RGB, gs=grayscale
 */
__kernel void
grayscale(
        __global const uchar* rgb,
        __global uchar* gs)
{
    const int y = get_global_id(0);
    const int x = get_global_id(1);
    const int width = get_global_size(1);

    int pos = (y * width + x) * 3;

    int data = (int)(
                (float)rgb[pos + 0] * 0.298912f         // red
                   +(float)rgb[pos + 1] * 0.586611f     // green
                       +(float)rgb[pos + 2] * 0.114478f // blue
                );

    gs[(width*y)+x] = convert_uchar_sat(data);
}
```

本カーネルソースファイルには二つのカーネル関数が含まれます。まず、grayscale カー

ネルを説明します。

このカーネルの引数は、バッファオブジェクト rgb と gs です。rgb が参照側バッファオブジェクト、gs が処理結果を格納するバッファオブジェクトです。get_global_id(0) で y 座標を、get_global_id(1) で x 座標を求め、画像の横方向のピクセルサイズは get_global_size(1) から得ます。これによって、自身が処理しなければならない画素の座標を知ることができます。カラー画像のグレイスケール化は、下記の式で実施します。

グレイスケール値 = (赤成分 × 0.298912) + (緑成分 × 0.586611)
+ (青成分 × 0.114478)

計算結果を convert_uchar_sat で飽和させています。本来なら必要ないはずですが、誤差が発生すると期待値を得られない可能性があるため、念のため飽和させました。

もう一つのカーネル clCode では、画像を浮き彫りにしたような効果が得られるエンボスフィルタ処理を行います。このフィルタはエッジ抽出処理を変形したものです。画像の輝度データを元にエッジの抽出を行い、それに一定値を加算します。注目画素を基準として、オペレータの数値と対応する原画像の画素の値を乗算します。ここまではエッジ検出の処理とだいたい同じです。こうして得られた結果にさらに 128 を加算することで、エンボス処理の効果が得られます。使用するオペレータによって得られる結果も変わります。

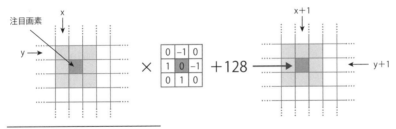

図12.7●カーネルの動作概要

次に、画像のエッジを検出するラプラシアンフィルタのカーネルを示します。

リスト12.3●12_twoKernel/lap8mono.cl

```
/*
 * laplacian8
 */

__kernel void
clCode(
```

```
        __global const uchar* gs,
        __global uchar* rgb)
{
    const int y = get_global_id(0);
    const int x = get_global_id(1);
    const int width = get_global_size(1) + 2;

    int row0 = (y + 0) * width;
    int row1 = (y + 1) * width;
    int row2 = (y + 2) * width;

    int data = (int)(

        -gs[row0 + x + 0]  -gs[row0 + x + 1]      -gs[row0 + x + 2]

        -gs[row1 + x + 0]  +gs[row1 + x + 1] * 8  -gs[row1 + x + 2]

        -gs[row2 + x + 0]  -gs[row2 + x + 1]      -gs[row2 + x + 2] );

    int pos = (((y + 1) * width) + x + 1) * 3;

    rgb[pos + 0] =
        rgb[pos + 1] =
            rgb[pos + 2] = convert_uchar_sat(data);
}


/*
 * grayscale, rgb=RGB, gs=grayscale
 */
__kernel void
grayscale(
    ⋮
```

grayscale カーネルは、直前のものとまったく同一です。もう一つのカーネル clCode でラプラシアン処理を行います。これは前節とほぼ同じですので、説明は省略します。

12-1-3 実行例

処理結果を以降に示します。

実行例

```
(C:\Anaconda3) C:\test>python filter.py Lenna.jpg Lenna_lap8.jpg lap8mono.cl

(C:\Anaconda3) C:\test>python filter.py Lenna.jpg Lenna_emboss.jpg embossMono.cl
```

原画像とラプラシアン、エンボスフィルタの処理例を示します。

図12.8 ●原画像とラプラシアン、エンボスフィルタの処理結果

本文でも説明しましたが、pyopencl.enqueue_fill_buffer をコメントアウトすると、出力用のバッファをクリアする処理が省略され、処理結果の上下左右に一ピクセルだけ原画像が残ります。拡大して示しますが、紙面の関係で分かりにくい可能性もあります。

**図12.9 ●pyopencl.enqueue_fill_bufferをコメントアウトした
　　　　　ラプラシアンフィルタの処理結果画像の一部拡大**

入力画像を変更したものを示します。

図12.10●原画像とラプラシアンとエンボスの処理結果

12-2 二つの画像の合成

二つの画像に重みを付けて合成するプログラムを紹介します。重みテーブルの生成と画像の合成を、異なるカーネルで実施します。

12-2-1 ホストプログラム

以降に、ホスト側プログラムのソースリストを示します。

リスト12.4●12_twoKernel/addCos.py

```python
import pyopencl as cl
import numpy as np
from PIL import Image
import sys


def load_image_to_array(path):
    '''
    Loads image into 3D Numpy array of shape(height, width, channels)
    '''
```

```python
    with Image.open(path) as image:
        arr = np.fromstring(image.tobytes(), dtype=np.uint8)
        width, height = image.size
        channels = 3
        arr = arr.reshape(height, width, channels)
    return arr


def load_kernel(path):
    '''
    Loads kernel source
    '''
    kenrlFile = open(path)
    src = kenrlFile.read()
    return src


def opencl(iArr0, iArr1, src):
    '''
    opencl
    '''
    context = cl.create_some_context(interactive=False)
    queue = cl.CommandQueue(context)

    program = cl.Program(context, src).build()

    tblArr = np.empty(iArr0.shape[:2], np.float32)

    mf = cl.mem_flags
    inArr0_buf = cl.Buffer(context, mf.READ_ONLY | mf.COPY_HOST_PTR, hostbuf=iArr0)
    inArr1_buf = cl.Buffer(context, mf.READ_ONLY | mf.COPY_HOST_PTR, hostbuf=iArr1)
    tblArr_buf = cl.Buffer(context, mf.READ_WRITE, tblArr.nbytes)
    outArr_buf = cl.Buffer(context, mf.WRITE_ONLY, iArr0.nbytes)

    program.cosTbl(queue, iArr0.shape[:2], None, tblArr_buf)

    program.clCode(queue, iArr0.shape[:2], None,
                        inArr0_buf, inArr1_buf, tblArr_buf, outArr_buf)

    outArr = np.empty_like(iArr0)

    cl.enqueue_copy(queue, outArr, outArr_buf)
    return outArr


if __name__ == '__main__':
```

```python
'''
Usage:
    python foo.py bar.jpg baz.jpg kernel.cl'
'''
if (len(sys.argv) != 5):
    print( 'Usage:')
    print( '        python %s <in0> <in1> <out> <kernel>' % sys.argv[0])
    quit()

iArr0 = load_image_to_array(sys.argv[1])
iArr1 = load_image_to_array(sys.argv[2])
if(iArr0.shape != iArr1.shape):
    print( 'image size is not the same.')
    quit()

src = load_kernel(sys.argv[4])

oArr = opencl(iArr0, iArr1, src)

image = Image.fromarray(oArr)
image.save(sys.argv[3])
```

本プログラムは、重み付けのテーブルを用い、二つの画像を加算（ブレンド）します。今回用いた重みテーブルは、5-2節「少し複雑な行列（画像）の生成」で生成したものと同じです。二つの画像を重みテーブルに従ってブレンドします。重みテーブルの生成と、二つの画像のブレンドはカーネルで処理されます。

main 関数で、コマンドラインに与えられた引数の数が適切かチェックします。また、合成する画像のサイズは同じでなければならないため、画像サイズが一致することもチェックします。

opencl 関数は、これまでと違い、二つの行列を受け取ります。これらには読み込んだ二つの画像データが格納されています。cosTbl カーネルを呼び出して重みテーブルを生成し、clCode カーネルで、重みテーブルに従って二つの画像を合成します。

12-2-2 カーネルプログラム

以降にカーネルのソースリストを示します。

リスト12.5●12_twoKernel/addCos.cl

```
/*
 * blend
 */

__kernel void
clCode(
        __global const uchar* in0,
        __global const uchar* in1,
        __global const float* table,
        __global uchar* out)
{
    const int y = get_global_id(0);
    const int x = get_global_id(1);
    const int width = get_global_size(1);

    int pos = (y * width + x) * 3;
    float weight = table[y * width + x];

    float val;
    for ( int i = 0; i < 3 ; i++)
    {
        val = (float)in0[pos + i] * weight +
              (float)in1[pos + i] * (1.0 - weight);
        out[pos + i] = convert_uchar_sat(val);
    }
}


/*
 * create table
 */
__kernel void
cosTbl(
    __global float* out )
{
    const int y = get_global_id(0);
    const int x = get_global_id(1);
    const int height = get_global_size(0);
    const int width = get_global_size(1);

    const int yc = height / 2;
    const int xc = width / 2;

    float radius = hypot((float)yc, (float)xc);
```

```
    // distance from center
    float distance = hypot((float)(yc - y), (float)(xc - x));

    //radius=π, current radian
    float radian = (distance / radius) * M_PI;

    //cosθ, normalize -1.0~1.0 to 0~1.0
    float Y = (cos(radian) + 1.0) / 2.0;
    const int pos = (y * width + x);

    out[pos] = Y;
}
```

cosTblカーネルは、重み付けテーブルを生成します。このカーネルの詳細については5-2節を参照してください。

clCodeカーネルは、二つの入力画像と重みテーブルを使って合成します。合成方法を式で示します。以降に、重みテーブルの算出法を図に示します。

結果＝入力画像１×重みテーブル＋入力画像２×(1.0－重みテーブル)

このカーネルが生成する行列をビジュアル化して示します。

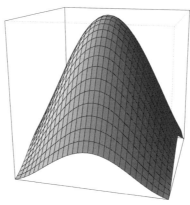

図12.11●重みテーブル

12-2-3 実行例

以降に、実行例を示します。

実行例

```
(C:\Anaconda3) C:\test>python addCos.py Lenna.jpg Parrots.jpg dst0.jpg addCos.cl
```

一つの入力画像に重みを乗算します。

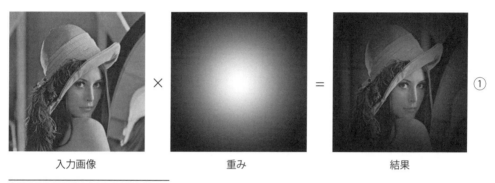

図12.12●画像に重みを乗算①

もう片方の画像に (1.0 − 重み) を乗算します。

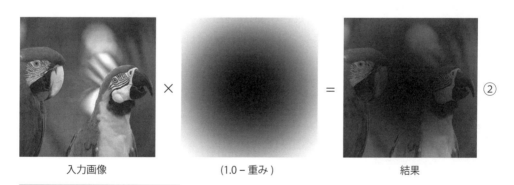

図12.13●画像に重みを乗算②

この二つの画像を加算します。以降に、途中の画像とそれらを加算した結果を示します。

12 二つのカーネル

① ② 最終結果

図12.14●最終結果

画像を変更して実行した例も示します。

実行例

(C:¥Anaconda3) C:¥test>python addCos.py BARBARA.jpg Mandrill.jpg dst1.jpg addCos.cl

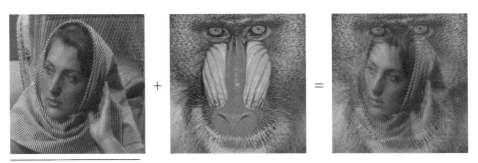

図12.15●もう一つの例

入力画像の指定順を逆にした場合の結果も示します。

図12.16●入力画像の指定順を逆にした場合

第13章

イメージオブジェクト

13 イメージオブジェクト

　これまでに紹介したプログラムは、バッファオブジェクトを使用してきました。本章では、イメージオブジェクトを利用した画像処理を紹介します。

13-1 イメージオブジェクトとは

　イメージオブジェクトは画像処理へ最適化されたバッファです。イメージオブジェクトを使用すると、バッファオブジェクト（バッファメモリオブジェクト）よりも画像の扱いが簡単になります。ただ、イメージオブジェクトは限られたフォーマットの画像しか扱うことができません。また、PyOpenCLで規定されているフォーマットであっても、使用中のプラットフォームでサポートされていない場合もあります。

　しかし、上記の制限にかからないフォーマットの画像を使用できるのであれば、バッファオブジェクトの代わりにイメージオブジェクトを使用することで、画像処理のプログラムははるかに簡単になります。また、実行速度も向上する可能性が高いです。

13-1-1 プログラムの変更点

　OpenCLには、二次元や三次元のデータを扱うオブジェクトがあらかじめ用意されています。これを使うと、三次元までのデータを扱うのが容易になります。これらのオブジェクトは補間などもサポートしているため、カーネル自身で補間処理を行う必要がなく高速に処理できます。これまでのプログラムを次に示すように変更します。

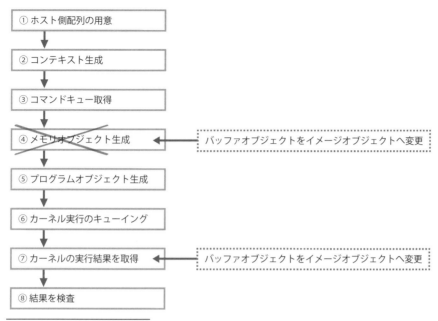

図13.1●プログラムを変更

　これの 4. と 7. の部分でメモリオブジェクト（バッファメモリオブジェクト）を使用していたのを、イメージオブジェクトを使用するように変更します。もちろん、カーネルもイメージオブジェクトを使用するように変更しなければなりません。具体的には、これまでは pyopencl.Buffer でバッファオブジェクト（メモリオブジェクトと表現するときもある）を生成しましたが、その代わりに pyopencl.Image を使用しイメージオブジェクトを生成します。また、結果をホストのメモリへ転送する場合も、バッファオブジェクトの場合は pyopencl.enqueue_copy でしたが、イメージオブジェクトを使用するときは pyopencl.enqueue_read_image へ変わります。

　ホスト側のプログラムの変更部分の対応を次の表に示します。

表13.1●イメージオブジェクトを利用するためのホスト側プログラムの変更部分

オペレーション	バッファオブジェクト	イメージオブジェクト
オブジェクト生成	pyopencl.Buffer	pyopencl.Image
オブジェクト読み込み	pyopencl.enqueue_copy	pyopencl.enqueue_read_image

13-2 イメージオブジェクトでフィルタ

PyOpenCL でイメージオブジェクトを使用する例を紹介します。

13-2-1 ホストプログラム

以降に、ホスト側プログラムのソースリストを示します。

リスト13.1●13_imageObject/filter.py

```python
import pyopencl as cl
import numpy as np
from PIL import Image
import sys


def load_file_to_image(path):
    '''
    Loads image file into RGBA image
    '''
    img = Image.open(sys.argv[1]).convert("RGBA")
    return img


def load_kernel(path):
    '''
    Loads kernel source
    '''
    kenrlFile = open(path)
    src = kenrlFile.read()
    return src


def opencl(iImg, src):
    '''
    opencl
    '''
    context = cl.create_some_context(interactive=False)
    queue = cl.CommandQueue(context)
```

```python
        program = cl.Program(context, src).build()

        ibuf = iImg.tobytes()

        mf = cl.mem_flags
        fmt = cl.ImageFormat(cl.channel_order.RGBA, cl.channel_type.UNORM_INT8)
        iImgObj = cl.Image(context, mf.READ_ONLY | mf.COPY_HOST_PTR, fmt, iImg.size, None, ibuf)
        oImgObj = cl.Image(context, mf.WRITE_ONLY, fmt, iImg.size)

        gSize = (iImg.size[0] - 2, iImg.size[1] - 2)
        program.clCode(queue, gSize, None, iImgObj, oImgObj)

        obuf = np.zeros_like(ibuf)
        origin = ( 0, 0, 0 )
        region = ( iImg.size[0], iImg.size[1], 1 )
        cl.enqueue_read_image(queue, oImgObj, origin, region, obuf)

        gsImg = Image.frombytes("RGBA", iImg.size, obuf.tobytes())
        return gsImg


if __name__ == '__main__':
    '''
    Usage:
          python foo.py bar.jpg baz.jpg kernel.cl'
    '''
    if (len(sys.argv) != 4):
        print( 'Usage:')
        print( '        python %s <in> <out> <kernel>' % sys.argv[0])
        quit()

    iImg = load_file_to_image(sys.argv[1])

    src = load_kernel(sys.argv[3])

    oImg = opencl(iImg, src)

    oImg.convert("RGB").save(sys.argv[2])
```

本プログラムは三つの引数を要求します。最初の引数は処理対象となる画像ファイル名、二番目の引数は処理した結果を保存するファイル名、最後の引数はカーネルソースが記述されているファイル名です。引数が三つ指定されていない場合、エラーメッセージを表示してプログラムは終了します。

13 イメージオブジェクト

　load_file_to_image 関数で画像ファイルを読み込みますが、これまでのプログラムと異なり、必ず RGBA 形式で読み込みます。これは、イメージオブジェクトがサポートしているフォーマットに合わせるための処理です。

　opencl 関数は、これまでと変わりますので順に説明します。コマンドキューなどの取得などは、これまでと同様です。まず、Image をバイトオブジェクトへ変換します。イメージオブジェクトを生成する前に、fmt にイメージオブジェクトのフォーマットを設定します。フォーマットの設定値を次に示します。

```
fmt = cl.ImageFormat(cl.channel_order.RGBA, cl.channel_type.UNORM_INT8)
```

　第一引数の channel_order に RGBA を指定します。これは画像フォーマットが RGBA であることを示します。次の channel_data_type に UNORM_INT8 を指定します。これは、それぞれの値が正規化された、符号なし 8 ビット整数で格納されることを意味します。UNORM が使われているので正規化されていないのかと思ったのですが、先頭の U は符号の意味のようです。どうせなら、NORM_UINT8 にすればよいのにと、独り言をいいながらプログラミングしました。ここで示した channel_order = RGBA、channel_data_type = UNORM_INT8 の場合、どのような画像データが使われるかを図に示します。

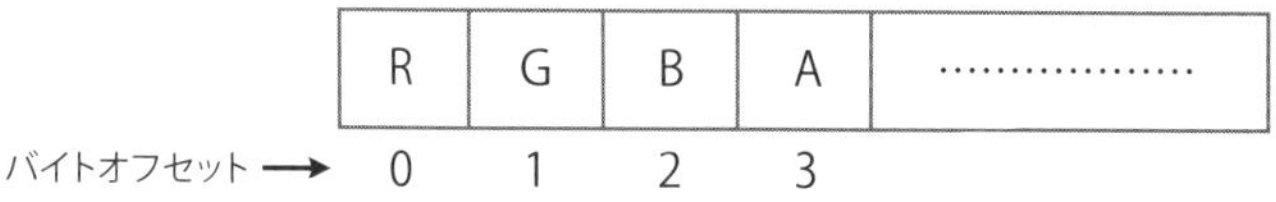

```
         | R | G | B | A | ................
バイトオフセット→ 0   1   2   3
```

図13.2●UNORM_INT8の場合に使われる画像データ

　ついでに、image_channel_order = RGBA、image_channel_data_type = SIGNED_INT16 の場合、どのような画像データが使われるかも図に示します。

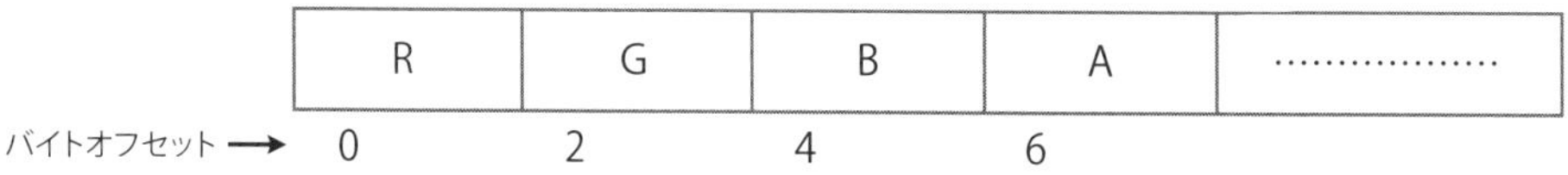

```
         |  R  |  G  |  B  |  A  | ................
バイトオフセット→ 0     2     4     6
```

図13.3●RGBA、SIGNED_INT16の場合に使われる画像データ

　イメージオブジェクトは pyopencl.Image（clCreateImage API に対応）で生成します。pyopencl.Image に対応する OpenCL API の詳細は、本節末尾のリファレンスを参照してください。これまで使用した pyopencl.Buffer と大きく異なるのは第三引数で、フォーマットを表す pyopencl.ImageFormat を指定します。この引数は先ほど設定した fmt を使用し

ます。

　準備ができましたので、pyopencl.Image でイメージオブジェクトを生成します。まず、入力画像データを保持するイメージオブジェクトを生成します。

```
iImgObj = cl.Image(context, mf.READ_ONLY | mf.COPY_HOST_PTR, fmt, iImg.size, None, ibuf)
```

同様の方法で、出力用のイメージオブジェクトも生成します。

```
oImgObj = cl.Image(context, mf.WRITE_ONLY, fmt, iImg.size)
```

こちらはカーネルが書き込みを行うため、オブジェクト生成時にはイメージオブジェクトの初期化を行いません。

　これ以降のカーネル実行要求などは、バッファオブジェクトを使用した場合と変わりません。変わるのは、カーネル終了後にイメージオブジェクトをホスト側のバッファへ読み込む方法です。バッファオブジェクト読み込み用の pyopencl.enqueue_copy の代わりに、イメージオブジェクト読み込み用の pyopencl.enqueue_read_image を使います。第四、第五引数で指定する読み出しの原点と領域は、原点は (0, 0, 0)、範囲は全体を指定します。

```
obuf = np.zeros_like(ibuf)
origin = ( 0, 0, 0 )
region = ( iImg.size[0], iImg.size[1], 1 )
cl.enqueue_read_image(queue, oImgObj, origin, region, obuf)
```

　pyopencl.enqueue_copy の引数は単純でしたが、pyopencl.enqueue_read_image の引数は、読み出しの原点と読み出し領域をピクセル値で指定できるため少し複雑になります。

　本プログラムも、引数にカーネルのソースが納められているファイルを指定できます。これは、異なるフィルタ処理を同じホストプログラムを使用して処理できることを意味します。以降に、いくつかのカーネルを紹介します。

13-2-2 ラプラシアンフィルタのカーネルプログラム

まず、ラプラシアンフィルタ処理を行うカーネルを紹介します。

リスト13.2●13_imageObject/lap8.cl

```
const sampler_t samp = CLK_NORMALIZED_COORDS_FALSE |
                      CLK_ADDRESS_NONE | CLK_FILTER_NEAREST;

__kernel void
clCode(__read_only  image2d_t in,
       __write_only image2d_t out)
{
    const int x = get_global_id(0) + 1;
    const int y = get_global_id(1) + 1;

    float4 data = (float4)0.0f;

    for(int dy = 0; dy < 3; dy++)
    {
        for(int dx = 0; dx < 3; dx++)
        {
            int2 coord = (int2)((x - 1 + dx), (y - 1 + dy));
            if(dy == 1 && dx == 1)
                data += (read_imagef(in, samp, coord) * 8.0f);
            else
                data -= read_imagef(in, samp, coord);
        }
    }
    data.w = 1.0f;                          // set alpha ch.

    write_imagef(out, (int2)(x, y), data);
}
```

引数は入力画像を保持しているイメージオブジェクトと処理結果を格納するイメージオブジェクトのみです。image2d_t は OpenCL の組み込みデータ型で、二次元イメージオブジェクトのためのデータ型です。

まず、細かいことはあとにして処理の概要を説明します。受け取った座標を元に、3×3の範囲に対して次図に示す処理を行います。注目画素に8を乗算し、周辺8画素をこれから減算します。

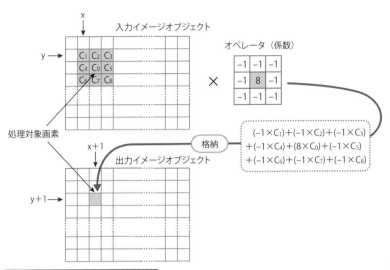

図13.4●カーネルの動作概要

　この図で示す (x, y) は get_global_id で取得したグローバル ID です。これまでと異なり、x 座標を get_global_id(0) から、y 座標を get_global_id(1) から求めます。これは、ホストプログラムが与えるグローバルワークアイテム数の順序が異なるためです。このことに特に意味はなく、単に順序を逆に与えた例を示しただけです。カーネル内では、取得したグローバル ID へ「+1」した値を (x, y) へ設定していますので、以降の座標の説明は、これを前提にしてください。

　このままでは、アルファチャンネルが元の値と異なってしまう可能性が高いです。例えば、処理対象範囲（3×3画素）のアルファ値が 255 だった場合、float4 で処理した結果のアルファチャンネルは 0 になってしまうでしょう。そこで、アルファチャンネルに相当する data.w へ 1.0 を設定します。255 なのに 1.0 を代入しています。これはイメージデータの値が正規化されているためです。

　これまでも同じようなカーネルが出現していますが、本節のカーネルはイメージオブジェクトを使うため、これまでと少し異なります。まず、本節で現れたいくつかの新しいことを説明しましょう。

サンプラー

　イメージオブジェクトを参照する方法を指定しているのがサンプラーオブジェクト sampler_t です。サンプラーオブジェクトに指定できるものは、アドレスモード、フィルタモード、そして座標の正規化です。アドレスモードは、画像の範囲外の座標を指定したとき

の振る舞いを決めます。フィルタモードは補間方法を指定します。最後の座標の正規化は、与えた座標を正規化するかしないかを指定します。以降に、これらを表にして示します。

表13.2●サンプラーオブジェクトに指定できる内容

指定内容	値	説明
アドレスの正規化（この値はイメージオブジェクトを読み書きするとき、いつも同じ値でなければなりません）	CLK_NORMALIZED_COORDS_TRUE	x、yそしてzの座標を正規化します。
	CLK_NORMALIZED_COORDS_FALSE	x、yそしてzの座標を正規化しません。
アドレスモード	CLK_ADDRESS_MIRRORED_REPEAT	範囲外の座標が渡されたら、アドレスはフリップします。この値はアドレス正規化指定の場合しか使えません。それ以外のときにこの値を指定した場合、動作は保証しません。
	CLK_ADDRESS_REPEAT	範囲外の座標が渡されたら、ラップアラウンドします。この値はアドレス正規化指定の場合しか使えません。それ以外のときにこの値を指定した場合、動作は保証しません。
	CLK_ADDRESS_CLAMP_TO_EDGE	範囲外の座標が渡されたら、境界のアドレスが使われます。
	CLK_ADDRESS_CLAMP	範囲外の座標が渡されたら、境界の色が返されます。
	CLK_ADDRESS_NONE	座標はイメージオブジェクト内のみしか使用しません。それ以外の座標が渡された場合、動作は保証しません。
フィルタモード	CLK_FILTER_NEAREST	最近傍法が使われます。
	CLK_FILTER_LINEAR	Bilinear補間が行われます。

イメージオブジェクトの値を参照するとき、座標を浮動小数点で指定できます。例えば、画像回転や拡大縮小などを行うと、変換後の座標が原画像の画素間を指す場合があります。例えば、変換後の座標 (100, 100) が、原画像の (200.345, 123.51) などのように、画素の中間部分を指します。このようなとき、フィルタモードが意味を持ちます。最近傍法（CLK_FILTER_NEAREST）を使えば最も近い画素の色が取得でき、Bilinear法（CLK_FILTER_LINEAR）を使えば線形補間された色が返されます。これまで紹介したようにバッファオブジェクトを使った場合、自身で補間を行わなければなりませんでした。しかし、イメージオブジェクトを使用すれば、この値を変更するだけで簡単に補間法を変更できます。ただ、現時点ではBicubic補間法などは用意されていません。

アドレスモードを少し補足して説明します。このモードはイメージオブジェクトの範囲外

の座標を指定したときの挙動を定義します。CLK_ADDRESS_CLAMP を指定した場合、このカーネルのような指定では黒が返されます。フィルタモードとアドレスモードは、次の節で活用します。本節のカーネルは座標変換を行わないのでフィルタモードとアドレスモードは、それほど大きな意味を持ちません。

今回のカーネルでは、次のようにサンプラーを定義します。

```
const sampler_t samp = CLK_NORMALIZED_COORDS_FALSE |
                       CLK_ADDRESS_NONE | CLK_FILTER_NEAREST;
```

これは、指定する x、y 座標を正規化せず、アドレスモードはオブジェクト内しか指定せず、そしてフィルタモードに最近傍法が使われることを示します。このプログラムは、座標が画素の途中を指すことはありません。このため今回のカーネルでは、フィルタモードは特に意味を持ちません。

イメージオブジェクトの読み込み（read_imagef）

カーネルでイメージオブジェクトから値を読み出すときは、read_imagef 組み込み関数を使用します。これは OpenCL が用意した組み込み関数です。ほかにも read_imagei など、読み込み対象オブジェクトのデータ型やオブジェクトの次元数によって、いろいろな組み込み関数が用意されています。ここでは、二次元のイメージオブジェクトに対する read_imagef 組み込み関数の動作について説明します。イメージオブジェクトの読み出しは、以下に示す方法を採用しています。

```
read_imagef(in, samp, coord)
```

最初の引数は参照するイメージオブジェクトです。二番目の引数が、先ほど説明したサンプラーです。最後の引数は座標です。ここで示すカーネルは、座標がピクセル間を指すことはないため int2 型の座標を使用します。以降に、座標を指定する部分のコードを示します。

```
int2 coord = (int2)((x-1+xx), (y-1+yy));
```

(x-1, y-1) が処理対象 3 × 3 画素の左上を指します。xx、yy で 3 × 3 の処理対象座標を順次指定します。

イメージオブジェクトの書き込み（write_imagef）

処理した結果を write_imagef 組み込み関数で処理結果格納用のイメージオブジェクトに書き込みます。書き込む座標は、(int2)(x, y) として、3 × 3 の中心に書き込みます。

13-2-3 エッジ強調のカーネルプログラム

画像のエッジを強調するカーネルを紹介します。先のカーネルと異なるのはオペレータのみです。

リスト13.3 ● 13_imageObject/sharpen.cl

```
const sampler_t samp = CLK_NORMALIZED_COORDS_FALSE |
                       CLK_ADDRESS_NONE | CLK_FILTER_NEAREST;

__kernel void
clCode(__read_only  image2d_t in,
       __write_only image2d_t out)
{
    const int x = get_global_id(0) + 1;
    const int y = get_global_id(1) + 1;

    float4 data = (float4)0.0f;

    for(int dy = 0; dy < 3; dy++)
    {
        for(int dx = 0; dx < 3; dx++)
        {
            int2 coord = (int2)((x - 1 + dx), (y - 1 + dy));
            if(dy == 1 && dx == 1)
                data += (read_imagef(in, samp, coord) * 9.0f);
            else
                data -= read_imagef(in, samp, coord);
        }
    }
    write_imagef(out, (int2)(x, y), data);
}
```

オペレータが異なるだけで、ほぼラプラシアンフィルタと同じです。異なるのは中心画素に対する乗算値が8から9に変わるだけです。

もう一つ異なるのがアルファチャンネルの処理が不要になる点です。先ほどの場合、「(中心画素アルファチャンネル× 8) − 周辺8画素のアルファチャンネル」を行うため、アルファチャンネルが0になってしまいました。ここでは、「(中心画素アルファチャンネル× 9) − 周辺8画素のアルファチャンネル」を行うため、すべてのアルファチャンネル値が同じであると考えると、そのまま書き込みを行ってかまわないことになります。ただし、すべてのアルファチャンネル値が同じ値でないと、この法則は成り立ちません。以前の章で説明しまし

たが、注目画素のアルファチャンネルをコピーするようにしてもよいでしょう。

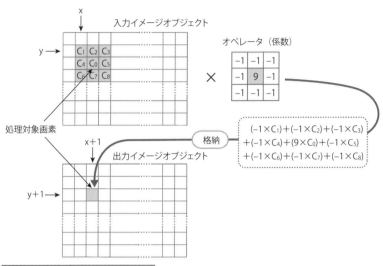

図13.5●カーネルの動作概要

先ほどと同様に、この図で示す(x, y)はget_global_idで取得したグローバルIDです。カーネル内では、取得したグローバルIDへ「+1」した値を(x, y)へ設定します。

13-2-4　ソフトフォーカスのカーネルプログラム

画像のエッジを緩和し、画像全体を柔らかく表示するカーネルを紹介します。これまでと違い、全画素の総和を求めたのち、それを画素数で除算します。

リスト13.4●13_imageObject/soften.cl

```
const sampler_t samp = CLK_NORMALIZED_COORDS_FALSE |
                      CLK_ADDRESS_NONE | CLK_FILTER_NEAREST;

__kernel void
clCode(__read_only  image2d_t in,
       __write_only image2d_t out)
{
    const int x = get_global_id(0) + 1;
    const int y = get_global_id(1) + 1;
```

```
    float4 data = (float4)0;

    for(int dy = 0; dy < 3; dy++)
    {
        for(int dx = 0; dx < 3; dx++)
        {
            int2 coord = (int2)((x - 1 + dx), (y - 1 + dy));
            data += read_imagef(in, samp, coord);
        }
    }
    data /= 9.0f;

    write_imagef(out, (int2)(x, y), data);
}
```

対象画素の総和を計算し、その値を画素数で除算するだけです。アルファチャンネルも総和をとり、画素数で除算するので、すべてのアルファチャンネル値が同じであると考えると、そのまま書き込みを行ってかまわないことになります。ただし、すべてのアルファチャンネル値が同じ値でないと、この法則は成り立ちません。カーネルの動作概要を下図に示します。

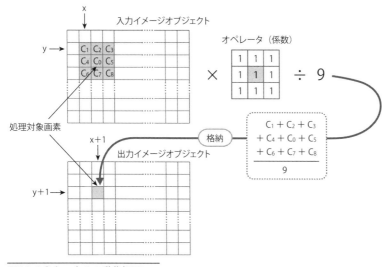

図13.6●カーネルの動作概要

これまでと同様に、この図で示す (x, y) は get_global_id で取得したグローバル ID です。カーネル内では、取得したグローバル ID へ「+1」した値を (x, y) へ設定します。

13-2-5 実行例

それぞれの処理結果を以降に示します。まず、入力に処理した画像を示します。

図13.7●原画像

ラプラシアン、エッジ強調、そしてソフトフォーカス処理後の画像を示します。

図13.8●ラプラシアン、エッジ強調、ソフトフォーカスの処理結果

画像を変更して実行した例を示します。

図13.9●原画像

ラプラシアン、エッジ強調、そしてソフトフォーカス処理後の画像を示します。

図13.10●ラプラシアン、エッジ強調、ソフトフォーカスの処理結果

上図の原画像とソフトフォーカス処理後の左下を拡大した一部を示します。

図13.11●原画像左下拡大図（左）、ソフトフォーカス処理後左下拡大図（右）

画像から分かるように、処理後の画像の枠は黒く表示されます。この部分の画素はカーネルの処理範囲外となるためです。

13-3 pyopencl の説明

本章で使用した pyopencl の、主要な関数を解説します。基本的に OpenCL を理解していると、想像できるものが多いです。使用した PyOpenCL のクラスやメソッドを簡単に解説します。

pyopencl.Image

書式

```
pyopencl.Image(context, flags, format, shape=None, pitches=None,
               hostbuf=None, is_array=False, buffer=None)
```

機能

イメージオブジェクトを生成します。実際のメモリ割り当ては延期されます。イメージオブジェクトはコンテキストに接続され、そのデバイスでイメージオブジェクトが使用されると、その時点でイメージオブジェクトはデバイスに移動されます。

引数

- context　有効なコンテキストです。
- flags　　pyopencl.Buffer を参照してください。
- format　 ImageFormat のインスタンスです。
- shape　　2 タプルまたは 3 タプルです。
- pitches　ピッチは、2D 画像の場合は 1 タプルで、3D 画像の場合は 2 タプルです。
- hostbuf　ホスト側のバッファです。この引数が指定され、shape が None の場合、ここで指定した shape が、引数の shape に使われます。
- is_array　OpenCL 1.2 で追加された新規の引数です。
- buffer　 OpenCL 1.2 で追加された新規の引数です。

戻り値

有効なイメージオブジェクトです。

ImageFormat

書式

```
pyopencl.ImageFormat([channel_order, channel_type])
```

機能

イメージオブジェクトのフォーマット情報を保持します。

引数

channel_order　image_format 構造体の image_channel_order を参照してくださ

channel_type　　　い。与える値は、先頭の「CL_」を外してください。
　　　　　　　　　image_format 構造体の image_channel_data_type を参照してく
　　　　　　　　　ださい。与える値は、先頭の「CL_」を外してください。

戻り値

有効なフォーマットオブジェクトです。

13-4 OpenCL API の説明

本章で使用した pyopencl の関数に対応する、主要な OpenCL API を説明します。

clCreateImage

一次元、二次元、三次元イメージオブジェクト、一次元、二次元イメージアレイを生成します。この API は、pyopencl.Image と対応します。

書式

```
cl_mem clCreateImage (cl_context          context,
                      cl_mem_flags        flags,
                      const cl_image_format *image_format,
                      const cl_image_desc *image_desc,
                      void                *host_ptr,
                      cl_int              *errcode_ret)
```

引数

context　　　　　有効な OpenCL コンテキストを指定します。
flags　　　　　　イメージオブジェクトを確保するのに使用されるメモリ領域やイメー
　　　　　　　　ジオブジェクトがどのように使われるかを示すビットフィールドで
　　　　　　　　す。詳細は、clCreateBuffer の説明を参照してください。
image_format　　イメージフォーマットを表す構造体へのポインタです。cl_image_
　　　　　　　　format 構造体については後述します。
image_desc　　　イメージのデータ表す構造体へのポインタです。cl_image_desc 構造
　　　　　　　　体については後述します。

host_ptr　　　確保済みのバッファを指すポインタです。

errcode_ret　　適切なエラーコードを返します。NULL を指定すると、エラーコードは返されません。

　　　成功：CL_SUCCESS

　　　失　敗：CL_INVALID_CONTEXT、CL_INVALID_VALUE、CL_INVALID_IMAGE_FORMAT_DESCRIPTOR、CL_INVALID_IMAGE_DESCRIPTOR、CL_INVALID_IMAGE_SIZE、CL_INVALID_HOST_PTR、CL_IMAGE_FORMAT_NOT_SUPPORTED、CL_MEM_OBJECT_ALLOCATION_FAILURE、CL_INVALID_OPERATION、CL_OUT_OF_RESOURCES、CL_OUT_OF_HOST_MEMORY など。

　　　通常は !=CL_SUCCESS で判断する。

返却値

イメージオブジェクトの生成に成功すると、有効なイメージオブジェクトを返します。そうでない場合は NULL を返します。NULL が返った場合、errcode_ret を参照するとエラーの原因を推察することができます。

image_format 構造体

image_format 構造体はイメージオブジェクトのフォーマット情報を保持します。この構造体は、pyopencl.ImageFormat と対応します。

```
typedef struct _cl_image_format {
    cl_channel_order   image_channel_order;
    cl_channel_type    image_channel_data_type;
} cl_image_format;
```

image_channel_order

チャンネル数とチャンネルレイアウトを指定します。指定できる値を以降に示します。イメージオブジェクトに含まれるデータは要素が4のベクタ型です。このベクタ型のどこに値が格納されるかを示します。

表13.3●image_channel_orderに指定できる値

値	制限など
CL_R、CL_Rx	フォーマットは (R,0,0,1) です。
CL_A	フォーマットは (0,0,0,A) です。

値	制限など
CL_INTENSITY	フォーマットは (I,I,I,I) です。image_channel_data_type が以下の値でなければなりません。 CL_UNORM_INT8、CL_UNORM_INT16、CL_SNORM_INT8、CL_SNORM_INT16、CL_HALF_FLOAT、CL_FLOAT。
CL_LUMINANCE	フォーマットは (L,L,L,1) です。image_channel_data_type が以下の値でなければなりません。 CL_UNORM_INT8、CL_UNORM_INT16、CL_SNORM_INT8、CL_SNORM_INT16、CL_HALF_FLOAT、CL_FLOAT。
CL_RG、CL_RGx	フォーマットは (R,G,0,1) です。
CL_RA	フォーマットは (R,0,0,A) です。
CL_RGB、CL_RGBx	フォーマットは (R,G,B,1) です。image_channel_data_type が以下の値でなければなりません。 CL_UNORM_SHORT_565、CL_UNORM_SHORT_555、CL_UNORM_INT_101010。
CL_RGBA	フォーマットは (R,G,B,A) です。
CL_ARGB、CL_BGRA	フォーマットは (R,G,B,A) です。image_channel_data_type が以下の値でなければなりません。 CL_UNORM_INT8、CL_SNORM_INT8、CL_SIGNED_INT8、CL_UNSIGNED_INT8。

image_channel_data_type

要素の型を定義します。以降に、型と説明を表で示します。

表13.4●image_channel_dataの型

image_channel_data_type	説明
CL_SNORM_INT8	正規化された符号付き 8 ビット整数。
CL_SNORM_INT16	正規化された符号付き 16 ビット整数。
CL_UNORM_INT8	正規化された符号なし 8 ビット整数。
CL_UNORM_INT16	正規化された符号なし 16 ビット整数。
CL_UNORM_SHORT_565	正規化された 5-6-5 3 チャンネル RGB。image_channel_order は CL_RGB か CL_RGBx でなければなりません。
CL_UNORM_SHORT_555	正規化された x-5-5-5 4 チャンネル xRGB。image_channel_order は CL_RGB か CL_RGBx でなければなりません。
CL_UNORM_INT_101010	正規化された x-10-10-10 4 チャンネル xRGB。image_channel_order は CL_RGB か CL_RGBx でなければなりません。
CL_SIGNED_INT8	正規化されていない符号付き 8 ビット整数。
CL_SIGNED_INT16	正規化されていない符号付き 16 ビット整数。
CL_SIGNED_INT32	正規化されていない符号付き 32 ビット整数。
CL_UNSIGNED_INT8	正規化されていない符号なし 8 ビット整数。

image_channel_data_type	説明
CL_UNSIGNED_INT16	正規化されていない符号なし 16 ビット整数。
CL_UNSIGNED_INT32	正規化されていない符号なし 32 ビット整数。
CL_HALF_FLOAT	16 ビット浮動小数点。
CL_FLOAT	単精度浮動小数点。

cl_image_desc 構造体

cl_image_desc 構造体はイメージやイメージオブジェクトの情報を保持します。

```
typedef struct _cl_image_desc {
    cl_mem_object_type  image_type,
    size_t              image_width;
    size_t              image_height;
    size_t              image_depth;
    size_t              image_array_size;
    size_t              image_row_pitch;
    size_t              image_slice_pitch;
    cl_uint             num_mip_levels;
    cl_uint             num_samples;
    cl_mem              buffer;
} cl_image_desc;
```

image_type

イメージの型を指定します。指定できる値は CL_MEM_OBJECT_IMAGE1D、CL_MEM_OBJECT_IMAGE1D_BUFFER、CL_MEM_OBJECT_IMAGE1D_ARRAY、CL_MEM_OBJECT_IMAGE2D、CL_MEM_OBJECT_IMAGE2D_ARRAY または CL_MEM_OBJECT_IMAGE3D です。

image_height

画像の高さをピクセル値で指定します。この引数は、二次元と三次元のイメージオブジェクト、あるいは二次元のイメージアレイのみで使用します。二次元のイメージオブジェクトあるいは二次元のイメージアレイの場合、CL_DEVICE_IMAGE2D_MAX_HEIGHT の値以下でなければなりません。三次元イメージオブジェクトの場合、CL_DEVICE_IMAGE3D_MAX_HEIGHT の値以下でなければなりません。

image_depth

画像の深さをピクセル値で指定します。この引数は、三次元のイメージオブジェクトのみで使用します。この値は、1 以上かつ CL_DEVICE_IMAGE3D_MAX_DEPTH の値以下で

なければなりません。

image_array_size

イメージアレイに含まれるイメージオブジェクトの数を指定します。この引数は、一次元または二次元のイメージアレイのみで使用します。この値は、1以上かつ CL_DEVICE_IMAGE_MAX_ARRAY_SIZE の値以下でなければなりません。

image_row_pitch

一ラインのバイト数を指定します。host_ptr 引数に NULL を指定する場合、0 でなければなりません。host_ptr 引数が NULL でない場合、0 か「image_width × ピクセルのバイト数」以上の値を指定します。host_ptr 引数が NULL でなく、この値が 0 の場合、「image_width × ピクセルのバイト数」が適用されます。この値に 0 以外を指定する場合、ピクセルのバイト数の整数倍でなければなりません。

image_slice_pitch

三次元イメージオブジェクトの各二次元イメージオブジェクトをバイト数で指定します。あるいは、一次元、二次元イメージアレイの各イメージオブジェクトのサイズを指定します。上記の image_row_pitch と同じような考えで、アレイの一要素のサイズを指定します。上記と同様で 0 を指定することもできます。詳細は OpenCL の仕様書を参照してください。

num_mip_levels

0 を指定してください。

num_samples

0 を指定してください。

buffer

image_type が CL_MEM_OBJECT_IMAGE1D_BUFFER の場合、有効なバッファオブジェクトを指定してください。そうでない場合、NULL を指定してください。

clEnqueueReadImage

一次元、二次元、三次元イメージオブジェクト、一次元、二次元イメージアレイを読み込みます。この API は pyopencl.enqueue_read_image と対応します。

書式

```
cl_int clEnqueueReadImage (
    cl_command_queue    command_queue,
    cl_mem              image,
    cl_bool             blocking_read,
    const size_t        *origin,
    const size_t        *region,
    size_t              row_pitch,
    size_t              slice_pitch,
    void                *ptr,
    cl_uint             num_events_in_wait_list,
    const cl_event      *event_wait_list,
    cl_event            *event )
```

引数

command_queue	有効なコマンドキューを指定します。
image	有効なイメージオブジェクト、あるいはイメージアレイを指定します。
blocking_read	読み込みを同期、非同期のどちらで行うかを指定します。同期読み込みを行う場合は CL_TRUE を、非同期読み込みを行う場合は CL_FALSE を指定します。CL_TRUE を指定すると、バッファがホストメモリに読み込まれるまで本 API は制御を戻しません。CL_FALSE を指定すると、バッファの読み込みが完了していなくても制御が戻ります。非同期読み込みを行う場合は、本 API が完了しているかどうか、イベントを取得してチェックする必要があります。
origin	読み込み開始点を指定します。
region	読み込み範囲を指定します。
row_pitch	一ラインのバイト数を指定します。ptr 引数に NULL を指定する場合、0 でなければなりません。ptr 引数が NULL でない場合、0 か「image_width × ピクセルのバイト数」

	以上の値を指定します。ptr 引数が NULL でなく、この値が 0 の場合、「image_width × ピクセルのバイト数」が適用されます。この値に 0 以外を指定する場合、ピクセルのバイト数の整数倍でなければなりません。
slice_pitch	三次元イメージオブジェクトの各二次元イメージオブジェクトをバイト数で指定します。あるいは、一次元、二次元イメージアレイの各イメージオブジェクトのサイズを指定します。上記の row_pitch と同じような考えで、アレイの一要素のサイズを指定します。前記と同様で 0 を指定することもできます。詳細は OpenCL の仕様書を参照してください。
ptr	データを読み込むホストメモリのポインタを指定します。
num_events_in_wait_list	このコマンドが実行される前に完了していなければならないイベントの数を指定します。
event_wait_list	このコマンドが実行される前に完了していなければならないイベントを指定します。event_wait_list が NULL のとき、num_events_in_wait_list は 0 でなければなりません。event_wait_list に指定したイベントが完了しないかぎり、本カーネルは実行されません。つまり、ほかのイベントと同期させたいときに使用します。
event	このカーネル実行を識別するイベントオブジェクトが返されます。event が NULL のとき、このカーネル実行に関するイベントは作成されません。

返却値

成功：CL_SUCCESS

失敗：CL_INVALID_COMMAND_QUEUE、CL_INVALID_CONTEXT、CL_INVALID_MEM_OBJECT、CL_INVALID_VALUE、CL_INVALID_EVENT_WAIT_LIST、CL_INVALID_IMAGE_SIZE、CL_IMAGE_FORMAT_NOT_SUPPORTED、CL_MEM_OBJECT_ALLOCATION_FAILURE、CL_INVALID_OPERATION、CL_EXEC_STATUS_ERROR_FOR_EVENTS_IN_WAIT_LIST、CL_OUT_OF_RESOURCES、CL_OUT_OF_HOST_MEMORY など。

通常は !=CL_SUCCESS で判断する。

13-5 OpenCL C 組み込み関数の説明

本節で使用した OpenCL C 組み込み関数を説明します。カーネルに関しては C/C++ 言語で開発したプログラムから使用されても、PyOpenCL から使用されてもカーネルプログラムは OpenCL C 言語で開発しなければなりません。

read_imagef 組み込み関数

イメージオブジェクトから要素を読み込みます。すでに本文で説明済みですので、簡単に説明します。引数によって動作は異なります。組み合わせは多数考えられますので、詳細については OpenCL の仕様書を参照してください。

書式

```
float4 read_imagef (image2d_t image,
                    sampler_t sampler,
                    int2      coord)

float4 read_imagef (image2d_t image,
                    sampler_t sampler,
                    float2    coord)
```

引数

image　　イメージオブジェクトを指定します。
sampler　サンプラーを指定します。
coord　　座標を指定します。

返却値

読み出された要素です。

write_imagef 組み込み関数

引数で与えられた色の値を、与えられた座標位置でイメージオブジェクトに書き込みます。すでに本文で説明済みですので、簡単に説明します。引数によって動作は異なります。組み合わせは多数考えられますので、詳細については OpenCL の仕様書を参照してください。

書式

```
void write_imagef (image2d_t image,
                   int2      coord,
                   float4    color)
```

引数

image　　イメージオブジェクトを指定します。
coord　　座標を指定します。
color　　書き込む値を指定します。

返却値

なし。

13-6 イメージオブジェクトで座標変換

以前の章でバッファオブジェクトを使用した座標変換のプログラムを紹介しましたが、本章では同じことをイメージオブジェクトで実現します。以降にプログラムの動作の概要を図で示します。

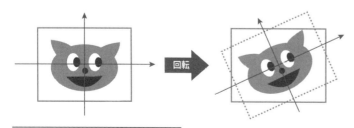

図13.12●プログラムの動作概要

13-6-1 ホストプログラム

以降に、ホスト側プログラムのソースリストを示します。

リスト13.5●13_imageObject/rotate.py

```python
    ⋮
def opencl(iImg, src, degree):
    '''
    opencl
    '''
    context = cl.create_some_context(interactive=False)
    queue = cl.CommandQueue(context)

    program = cl.Program(context, src).build()

    ibuf = iImg.tobytes()

    mf = cl.mem_flags
    fmt = cl.ImageFormat(cl.channel_order.RGBA, cl.channel_type.UNORM_INT8)
    iImgObj = cl.Image(context, mf.READ_ONLY | mf.COPY_HOST_PTR, fmt, iImg.size,
                                                                  None, ibuf)
    oImgObj = cl.Image(context, mf.WRITE_ONLY, fmt, iImg.size)

    n_degree = np.float32(degree)
    program.clCode(queue, iImg.size, None, iImgObj, oImgObj, n_degree)

    obuf = np.zeros_like(ibuf)
    origin = ( 0, 0, 0 )
    region = ( iImg.size[0], iImg.size[1], 1 )
    cl.enqueue_read_image(queue, oImgObj, origin, region, obuf)

    gsImg = Image.frombytes("RGBA", iImg.size, obuf.tobytes())
    return gsImg


if __name__ == '__main__':
    '''
    Usage:
        python foo.py bar.jpg baz.jpg kernel.cl'
    '''
    if (len(sys.argv) != 5):
        print('Usage:')
        print('      python %s <in> <out> <kernel> <degree>' % sys.argv[0])
        quit()
```

```python
    degree = float(sys.argv[4]);
    if (degree > 360.0 or degree < 0.0):
        print( 'degree must be 0.0 through 360.0.')
        quit()

iImg = load_file_to_image(sys.argv[1])

src = load_kernel(sys.argv[3])

oImg = opencl(iImg, src, degree)

oImg.convert("RGB").save(sys.argv[2])
```

　本プログラムは、前節のプログラムとほとんど同じです。さらに第11章「座標変換」の11-2節「回転処理」を合わせたようなプログラムです。以前のプログラムはバッファオブジェクトを使用していましたが、このプログラムはイメージオブジェクトを使用します。イメージオブジェクトを使用するといかに簡単になるかを示す良い例です。

　前節と異なる部分を簡単に解説します。本プログラムは四つの引数を要求します。最初の引数は処理対象となる画像ファイル名、二番目の引数は処理した結果を保存する画像ファイル名です。次にカーネルコードが記述されているファイル名、最後に回転角度を指定します。引数が四つ指定されていない場合、メッセージを表示してプログラムは終了します。回転角度を引数で受け取りますが、回転角度は 0.0 〜 360.0 までの値でなければなりません。

　opencl 関数は引数が一つ増え、回転角度を受け取ります。カーネルへ渡す引数も回転角度が増えます。画像の回転を行うため、カーネル呼び出しのグローバルワークアイテム数は全画像を対象とします。先のプログラムとの違いは、これくらいです。代わりにカーネルは大きく異なります。

13-6-2　最近傍法のカーネルプログラム

　カーネルのコードは二つ用意します。一つは最近傍法を使用したもの、もう一つがBilinear法で記述したものです。まず、最近傍法でコードしたものを示します。

リスト13.6 ● 13_imageObject/NearestNeighbor.cl

```
const sampler_t samp = CLK_NORMALIZED_COORDS_FALSE |
                       CLK_ADDRESS_CLAMP | CLK_FILTER_NEAREST;
```

13-6 イメージオブジェクトで座標変換

```
__kernel void
clCode(__read_only  image2d_t in,
       __write_only image2d_t out,
       const float degree)
{
    const int x = get_global_id(0);
    const int y = get_global_id(1);

    const int width  = get_image_width(in);
    const int height = get_image_height(in);

    float radian = radians(degree);

    int yc = height / 2;                    // y center
    int xc = width / 2;                     // x center
    int outY = y - yc;                      // dest y coord
    int outX = x - xc;                      // dest x coord

    float inY = outX * sin(radian) + outY * cos(radian);
    float inX = outX * cos(radian) - outY * sin(radian);

    float2 coordr = (float2)(inX + (float)xc, inY + (float)yc);
    float4 data = read_imagef(in, samp, coordr);

    int2 coordw = (int2)(x, y);
    write_imagef(out, coordw, data);
}
```

　引数ですが、入力・出力のイメージオブジェクトに加え、回転角度が加わります。反時計方向に角度 θ の回転を行います。回転方法については 11-2 節を参照してください。
　イメージオブジェクトを参照する方法を指定するのがサンプラーオブジェクト `sampler_t` です。ここでは、座標の正規化を行わず（`CLK_NORMALIZED_COORDS_FALSE`）、アドレスモードで画像の範囲外の座標を指定したときは黒が返されるように（`CLK_ADDRESS_CLAMP`）、そしてフィルタモードに最近傍法（`CLK_FILTER_NEAREST`）を指定します。
　このようにイメージオブジェクトを使用すると、座標変換後の値が画像外を指すかどうかをカーネルが判断する必要もなく、かつフィルタモードもサンプラーオブジェクトで指定できるため、カーネルは非常に簡単になります。以前のバッファオブジェクトを用いたカーネルと比較すると違いが分かるでしょう。

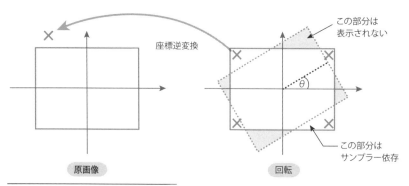

図13.13●変換による表示の変化

　これまでのイメージオブジェクトを使用したカーネルと異なるのは、座標の指定が float2 に変更されている点です。本節のプログラムは座標のアフィン変換を行うため、変換後の座標が整数ではなく実数になります。

13-6-3　Bilinear 法のカーネルプログラム

　次に、Bilinear 法で記述したものを示します。

リスト13.7●13_imageObject/Bilinear.cl

```
const sampler_t samp = CLK_NORMALIZED_COORDS_FALSE |
                    CLK_ADDRESS_CLAMP | CLK_FILTER_LINEAR;

__kernel void
clCode(__read_only  image2d_t in,
       __write_only image2d_t out,
       const float degree)
{
    const int x = get_global_id(0);
    const int y = get_global_id(1);

    const int width  = get_image_width(in);
    const int height = get_image_height(in);

    float radian = radians(degree);

    int yc = height / 2;                    // y center
    int xc = width  / 2;                    // x center
    int outY = y - yc;                      // dest y coord
```

```
    int outX = x - xc;                    // dest x coord

    float inY = outX * sin(radian) + outY * cos(radian);
    float inX = outX * cos(radian) - outY * sin(radian);

    float2 coordr = (float2)(inX + (float)xc, inY + (float)yc);
    float4 data = read_imagef(in, samp, coordr);

    int2 coordw = (int2)(x, y);
    write_imagef(out, coordw, data);
}
```

最近傍法のカーネルと Bilinear 法のカーネルの違いは、サンプラーのフィルタモードに Bilinear 法(`CLK_FILTER_LINEAR`)を指定するだけで、ほかの部分を変更する必要はありません。

13-6-4 実行例

それぞれの処理結果を以降に示します。まず、回転角度に 15.3°を指定した結果を示します。

```
(C:¥Anaconda3) C:¥test>python rotate.py Lenna.jpg Lenna_NearestNeighbor.bmp NearestNeighbor.cl 15.3

(C:¥Anaconda3) C:¥test>python rotate.py Lenna.jpg Lenna_Bilinear.bmp Bilinear.cl 15.3
```

図13.14●原画像と処理後の画像(中央・最近傍法、右・Bilinear法)

サンプラーのアドレスモードに（CLK_ADDRESS_CLAMP）を指定したため、逆変換で元画像の範囲外の座標を指定した場合、read_imagef 組み込み関数は黒を返しています。画像を変更し、回転角度を 123.456°へ変更した例を示します。

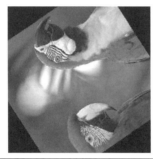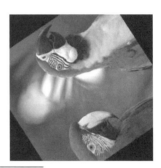

図13.15●原画像と処理後の画像（中央・最近傍法、右・Bilinear法）

　紙面では若干分かりにくいでしょうが、画面で見ると明らかに最近傍法は斜めなどのラインにジャギーが見られます。
　サンプラーのアドレスモードを変更すると、read_imagef で範囲外を指定したときに返却される値が変わります。ここでは、CLK_ADDRESS_CLAMP を CLK_ADDRESS_CLAMP_TO_EDGE に変更した例を示します。

```
const sampler_t samp = CLK_NORMALIZED_COORDS_FALSE |
                       CLK_ADDRESS_CLAMP_TO_EDGE | CLK_FILTER_LINEAR;
    ⋮
```

図13.16●処理後

　イメージオブジェクトの範囲外を指定したとき、エッジの色が返っているのが分かります。

第14章

ワークグループ

14 ワークグループ

PyOpenCL（OpenCL）の入門書や仕様書を読み始めると、比較的初期にワークグループやワークアイテムの説明が出てきます。多分 PyOpenCL を理解するには不可欠なんだろうと思って読み始めますが、これも PyOpenCL の理解を阻害する一つの要因ではなかろうかと思います。そのようなこともあり、本書ではワークグループの説明を後回しにしました。

14-1 ワークグループの基礎

本書でこれまでに紹介したプログラムで、ワークグループを意識しなければならないプログラムは一つもありません。いいかえると、この程度のプログラムを開発するときに、ワークグループやローカル ID などを考慮する必要はありません。ワークグループの分割などはシステムに任せ、最適な単位に分割してもらえばよいでしょう。カーネルはグローバル ID を参照するのみで十分です。

普通の OpenCL プログラムを作るとき、ワークグループを意識する必要はない。

というのが筆者の考えです。

高度なプログラムを開発し明確にワークグループを管理する、あるいは同期などを使用しローカルメモリを活用するなど、高度なアルゴリズムなどを実装したい場合でないかぎりワークグループを意識する必要はありません。

本節でワークグループに関連する一連の説明を行いますが、get_global_id でグローバル ID を取得するかぎり、ワークグループやローカル ID などを意識する必要はありません。

14-1-1 簡単な例

例えば、以下のような単純なプログラムで考えてみましょう。

リスト14.1 ● 14_workGroupBasic/add.py

```
    ⋮
n = 100
a = np.zeros((n,)).astype(np.int32)
```

```
for i in range(a.size):
    a[i] = i + 1
    ⋮
```

int32型のndarrayのaにループのインデックスi（0〜99）へ1を加算して、各要素に代入します。このプログラムをOpenCL化する場合、単純化して考えると

```
a[i] = i + 1
```

がカーネルに相当します。

この式のiが特定の値で実行されるカーネルのことをワークアイテムと呼びます。カーネルとワークアイテムの関係は微妙で、本書でもカーネルとワークアイテムは適宜使い分けています。正確性を少し欠きますが、iが、ある値を持ち実行される前式をワークアイテムと考えてかまいません。PyOpenCLでは、for文の代わりにカーネルの実行要求がキューされ、結果的に前式が並列に多数起動されます。つまり、次のような感じと思えばよいでしょう。

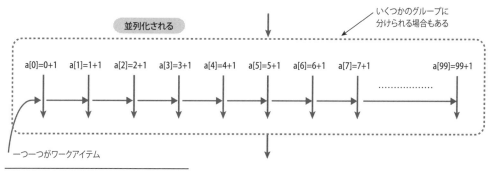

図14.1 ● カーネルとワークアイテム

ワークアイテムは複数のグループ（ワークグループ）に分けることができます。この分割はホストプログラムが明示的に行うこともできますし、あるいはシステムに任せることもできます。

図14.2に、複数のワークグループに分割された例を示します（図14.1はワークグループが一つの例といえます）。

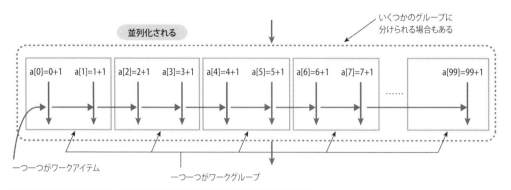

図14.2●カーネルとワークアイテム（複数のワークグループ）

この「a[i] = i + 1」をカーネルに書き換えると

```
__kernel void
clCode(__global int *a)
{
    int i = get_global_id(0);

    a[i] = i + 1;
}
```

と記述できます。つまり、forのiを知るには、get_global_id組み込み関数を使うかぎり、ワークグループがいくつあろうが意識する必要はありません。ワークアイテムがグループに分割されようがされまいが、get_global_id組み込み関数でiの値を取得するかぎり一意に決定されます。

例えば、次に示すようにワークグループをいくつかに分割してみます。

```
gSize = (100,)
    ⋮
lSize = (10,)
program.clCode(queue, gSize, lSize, mem_a)
```

この例は、グローバルワークアイテム数を100、ローカルワークアイテム数を10と指定しています。ローカルワークアイテム数は、一つのワークグループに含まれるワークアイテム数です。これを図で表現してみましょう。

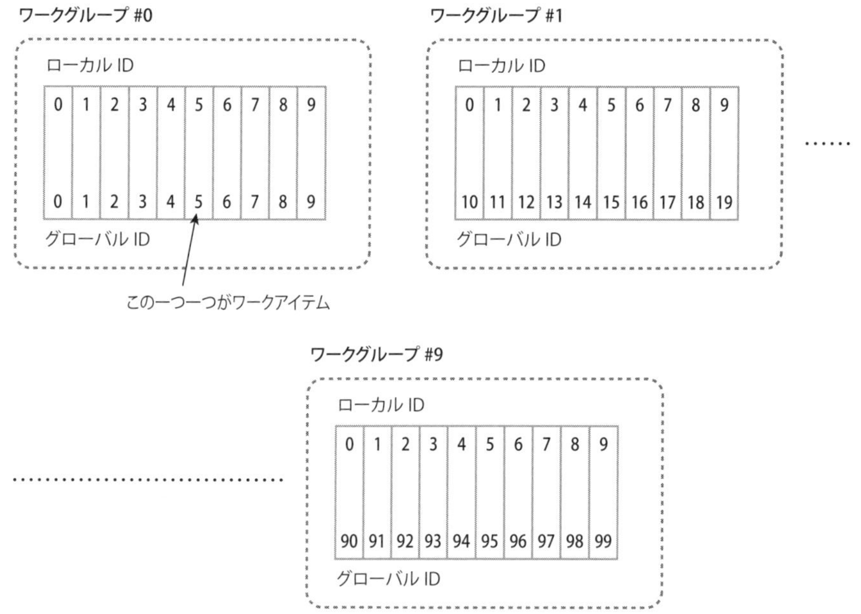

図14.3●ワークグループの分割（ローカルワークアイテム数：10）

もう一つ例を示します。

```
gSize = (100,)
   ⋮
lSize = (20,)
program.clCode(queue, gSize, lSize, mem_a)
```

この例は、グローバルワークアイテム数を100、ローカルワークアイテム数を20と指定します。

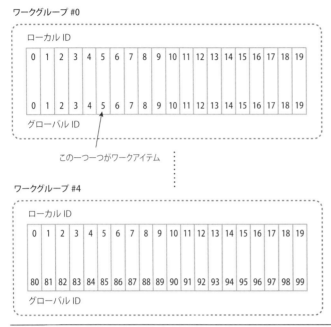

図14.4●ワークグループの分割（ローカルワークアイテム数：20）

　上記の二つでは、ワークグループ数もワークグループに含まれるワークアイテム数も異なります。しかし、カーネルが get_global_id 組み込み関数を使うかぎり、i は 0 ～ 99 の値が一回だけワークアイテムに割り当てられます。このため、ワークグループがいくつに分割されようがカーネルは意識する必要はありません。

　上記の例では、最初の例が「ワークグループあたりのワークアイテム数は 10 個、全体のワークアイテム数は 100 個、ワークグループ数は 10 個」です。二番目の例が「ワークグループあたりのワークアイテム数は 20 個、全体のワークアイテム数は 100 個、ワークグループ数は 5 個」です。しかし、先ほど説明したように、通常のプログラムでは全体の ID さえ分かれば支障はないため、get_global_id 組み込み関数を使えば、ほかのことは忘れてもかまいません。PyOpenCL に慣れるまで、**get_global_id 組み込み関数でインデックスを取得すれば OK** と思っておけばよいでしょう。

14-2 ワークグループ分割

　さて、そうはいってもワークグループについて何も知らずに PyOpenCL のプログラミングを続ける訳にもいきません。そこで、簡単なプログラムをいくつか作って、ワークアイテム、ワークグループ、ローカル ID、グローバル ID、グローバルサイズ、ローカルサイズについて理解を進めます。

　まず、グローバル ID とローカル ID の関係を示すプログラムを示します。

リスト14.2 ● 14_02workGroupBasic/glocal01.py

```
import pyopencl as cl
import numpy as np

src = '''
__kernel void clCode(
        __global int *a)
{
    const int gi = get_global_id(0);
    const int li = get_local_id(0);

    a[gi] = li;
}
'''

globalSize = (100,)
a = np.zeros(globalSize, dtype=np.int32)

context = cl.create_some_context(interactive=False)
queue = cl.CommandQueue(context)

mem_a = cl.Buffer(context, cl.mem_flags.WRITE_ONLY, a.nbytes)

program = cl.Program(context, src).build()

localSize = (10,)
program.clCode(queue, globalSize, localSize, mem_a)
cl.enqueue_copy(queue, a, mem_a)

for i in range(globalSize[0]):
    print('a[', i, ']=',  a[i]);
```

giにグローバルIDを、liにローカルIDを取得します。そして、この値を配列aに格納します。

このプログラムを実行すると、以下の結果を得られます。

> **実行結果**
>
> ```
> glocal01
> a[ 0 ]= 0
> a[ 1 ]= 1
> a[ 2 ]= 2
> a[ 3 ]= 3
> a[ 4 ]= 4
> a[ 5 ]= 5
> a[ 6 ]= 6
> a[ 7 ]= 7
> a[ 8 ]= 8
> a[ 9 ]= 9
> a[ 10 ]= 0
> a[ 11 ]= 1
> a[ 12 ]= 2
> a[ 13 ]= 3
> a[ 14 ]= 4
>    ︙
> a[ 85 ]= 5
> a[ 86 ]= 6
> a[ 87 ]= 7
> a[ 88 ]= 8
> a[ 89 ]= 9
> a[ 90 ]= 0
> a[ 91 ]= 1
> a[ 92 ]= 2
> a[ 93 ]= 3
> a[ 94 ]= 4
> a[ 95 ]= 5
> a[ 96 ]= 6
> a[ 97 ]= 7
> a[ 98 ]= 8
> a[ 99 ]= 9
> ```

この例では10個のワークグループが作られ、それぞれのワークグループは10個のワークアイテムを持ちます。つまり、ワークグループ（10個）×ワークアイテム（10個）で、100個のワークアイテムが生成されます。

もし、全ワークアイテム数をワークグループあたりのワークアイテム数で割り切れない場

合、カーネル実行要求のキューイングは失敗します。言葉で書くと分かりにくいですが、意識的にワークグループを複数に分割したい場合、globalSize を localSize で割り切れるように、あるいは globalSize は localSize の整数倍でなければなりません。

14-3 ワークグループとワークアイテムの関係

　もう少し、ワークグループとワークアイテムの関係が分かりやすいプログラムを紹介しましょう。以降に示すように、グローバルワークアイテム数を 100、ローカルワークアイテム数を 20 にしてカーネルを起動してみます。

リスト14.3●14_workGroupBasic/glocal02.py（中央部分）

```
    ⋮
globalSize = (100,)
a = np.zeros((globalSize[0], 4), dtype=np.int32)

context = cl.create_some_context(interactive=False)
queue = cl.CommandQueue(context)

mem_a = cl.Buffer(context, cl.mem_flags.WRITE_ONLY, a.nbytes)

program = cl.Program(context, src).build()

localSize = (20,)
program.clCode(queue, globalSize, localSize, mem_a)
cl.enqueue_copy(queue, a, mem_a)
    ⋮
```

　カーネルは、a[i]. に get_global_id(0)、get_num_groups(0)、get_group_id(0)、get_local_id(0) で取得したグローバル ID、ワークグループ数、ワークグループ ID、ローカル ID を設定します（注：x は、0 ～ グローバルワークアイテム数 − 1 です）。

14 ワークグループ

リスト14.4●14_workGroupBasic/glocal02.py（先頭部分）

```
__kernel void clCode(
        __global int4 *a)
{
    const int i = get_global_id(0);

    a[i].x = get_global_id(0);
    a[i].y = get_num_groups(0);
    a[i].z = get_group_id(0);
    a[i].w = get_local_id(0);
}
```

この値をホストプログラムで、以下のような方法で表示します。

リスト14.5●14_workGroupBasic/glocal02.py（末尾部分）

```
for i in range(globalSize[0]):
    print('global id=', a[i][0],
          ', group id=',  a[i][2],
          ', local id=',  a[i][3])
```

このプログラムを実行すると、以下の結果を得られます。

実行結果

```
glocal02
global id= 0, group id= 0, local id= 0
global id= 1, group id= 0, local id= 1
global id= 2, group id= 0, local id= 2
global id= 3, group id= 0, local id= 3
 （途中省略）
global id=17, group id= 0, local id=17
global id=18, group id= 0, local id=18
global id=19, group id= 0, local id=19
global id=20, group id= 1, local id= 0
global id=21, group id= 1, local id= 1
global id=22, group id= 1, local id= 2
global id=23, group id= 1, local id= 3
 （途中省略）
global id-97, group id= 4, local id=17
global id=98, group id= 4, local id=18
global id=99, group id= 4, local id=19
```

この例では5個のワークグループが作られ、それぞれのワークグループは20個のワークアイテムを持ちます。つまり、ワークグループ（5個）×ワークアイテム（20個）で、100個のワークアイテムが生成されます。表示を参照すると分かるように、ワークグループIDは0〜4まで、ローカルIDは0〜19まで割り当てられます。

　ただ、何度も述べているように、グローバルIDが0〜99のワークアイテムが一回だけ実行されます。つまり、意識的にワークグループを分割する必要がないかぎり、get_global_id(0)で取得したグローバルIDを使ってプログラミングすれば、何の支障もありません。

　念のため、プログラム全体のソースリストを示します。

リスト14.6●14_workGroupBasic/glocal02.py

```python
import pyopencl as cl
import numpy as np

src = '''
__kernel void clCode(
        __global int4 *a)
{
    const int i = get_global_id(0);

    a[i].x = get_global_id(0);
    a[i].y = get_num_groups(0);
    a[i].z = get_group_id(0);
    a[i].w = get_local_id(0);
}
'''

globalSize = (100,)
a = np.zeros((globalSize[0], 4), dtype=np.int32)

context = cl.create_some_context(interactive=False)
queue = cl.CommandQueue(context)

mem_a = cl.Buffer(context, cl.mem_flags.WRITE_ONLY, a.nbytes)

program = cl.Program(context, src).build()

localSize = (20,)
program.clCode(queue, globalSize, localSize, mem_a)
cl.enqueue_copy(queue, a, mem_a)

for i in range(globalSize[0]):
```

```
        print('global id=', a[i][0],
              ', group id=',   a[i][2],
              ', local id=',   a[i][3])
```

14-4 ローカルIDからグローバルIDを算出

　先ほどの例で、ワークグループとワークアイテムの関係が理解できたと思います。ここでは、さらに各IDの関係を分かりやすくするために、ローカルIDやグループIDからグローバルIDを算出する方法を示します。これで、ワークグループとワークアイテムの関係が明瞭に分かると思います。以降にソースリストを示します。

リスト14.7●14_workGroupBasic/glocal03.py

```python
import pyopencl as cl
import numpy as np
import sys

src = '''
__kernel void clCode(
        __global int4 *a)
{
    const int i = get_global_id(0);

    a[i].x = get_global_id(0);
    a[i].y = get_group_id(0);
    a[i].z = get_local_id(0);
    a[i].w = get_local_size(0)*get_group_id(0)+get_local_id(0);
}
'''

if (len(sys.argv) != 2):
    print( 'Usage:')
    print( '      python %s <localsize>' % sys.argv[0])
    quit()

localSize = (int(sys.argv[1]),)
```

```python
globalSize = (100,)
a = np.zeros((globalSize[0], 4), dtype=np.int32)

context = cl.create_some_context(interactive=False)
queue = cl.CommandQueue(context)

mem_a = cl.Buffer(context, cl.mem_flags.WRITE_ONLY, a.nbytes)

program = cl.Program(context, src).build()
program.clCode(queue, globalSize, localSize, mem_a)
cl.enqueue_copy(queue, a, mem_a)

for i in range(globalSize[0]):
    print('global id =', a[i][0],
          ',  group id =', a[i][1],
          ',  local id =', a[i][2],
          ', convert local to global =', a[i][3])
```

このプログラムは、コマンドラインでローカルアイテム数を受け取ります。これによってワークグループがいくつに分割されるか決まります。このためプログラムの修正を行うことなく、いろいろな分割パターンを試すことができます。プログラム中に含まれるカーネルソースを抜き出して示します。

```
__kernel void clCode(
        __global int4 *a)
{
    const int i = get_global_id(0);

    a[i].x = get_global_id(0);
    a[i].y = get_group_id(0);
    a[i].z = get_local_id(0);
    a[i].w = get_local_size(0)*get_group_id(0)+get_local_id(0);
}
```

カーネルは、a[x].x に get_global_id(0) で取得したグローバル ID を、a[x].y に get_group_id(0) で取得したワークグループ ID を、a[x].z に get_local_id(0) で取得したローカル ID を設定します（x は、0 〜グローバルワークアイテム数 − 1 です）。

a[x].w には、get_local_size(0)、get_group_id(0)、そして get_local_id(0) で求めた値を演算し、ワークグループ情報からグローバル ID を求めます。

14-4-1 実行例

引数をいろいろ変えて、このプログラムを実行してみましょう。まず、引数に 25 を指定した例を示します。

実行例 (ローカルアイテム数：25)

```
python glocal03.py 25
global id = 0 ,  group id = 0 ,  local id = 0 ,  convert local to global = 0
global id = 1 ,  group id = 0 ,  local id = 1 ,  convert local to global = 1
global id = 2 ,  group id = 0 ,  local id = 2 ,  convert local to global = 2
global id = 3 ,  group id = 0 ,  local id = 3 ,  convert local to global = 3
  (途中省略)
global id = 22 ,  group id = 0 ,  local id = 22 ,  convert local to global = 22
global id = 23 ,  group id = 0 ,  local id = 23 ,  convert local to global = 23
global id = 24 ,  group id = 0 ,  local id = 24 ,  convert local to global = 24
global id = 25 ,  group id = 1 ,  local id = 0 ,  convert local to global = 25
global id = 26 ,  group id = 1 ,  local id = 1 ,  convert local to global = 26
global id = 27 ,  group id = 1 ,  local id = 2 ,  convert local to global = 27
global id = 28 ,  group id = 1 ,  local id = 3 ,  convert local to global = 28
  (途中省略)
global id = 97 ,  group id = 3 ,  local id = 22 ,  convert local to global = 97
global id = 98 ,  group id = 3 ,  local id = 23 ,  convert local to global = 98
global id = 99 ,  group id = 3 ,  local id = 24 ,  convert local to global = 99
```

この例では 4 個のワークグループが作られ、それぞれのワークグループは 25 個のワークアイテムを持ちます。つまり、ワークグループ数（4 個）×ワークアイテム数（25 個）で、100 個のワークアイテムが生成されます。表示を参照すると分かるように、ローカルグループサイズとグループ ID を乗算し、それにローカル ID を加算した値は、グローバル ID と同じ値になります。

引数に 5 を指定した例を示します。

実行例 (ローカルアイテム数：5)

```
python glocal03.py 5
global id = 0 ,  group id = 0 ,  local id = 0 ,  convert local to global = 0
global id = 1 ,  group id = 0 ,  local id = 1 ,  convert local to global = 1
global id = 2 ,  group id = 0 ,  local id = 2 ,  convert local to global = 2
global id = 3 ,  group id = 0 ,  local id = 3 ,  convert local to global = 3
global id = 4 ,  group id = 0 ,  local id = 4 ,  convert local to global = 4
global id = 5 ,  group id = 1 ,  local id = 0 ,  convert local to global = 5
global id = 6 ,  group id = 1 ,  local id = 1 ,  convert local to global = 6
```

```
global id = 7  , group id = 1  , local id = 2 , convert local to global = 7
global id = 8  , group id = 1  , local id = 3 , convert local to global = 8
global id = 9  , group id = 1  , local id = 4 , convert local to global = 9
global id = 10 , group id = 2  , local id = 0 , convert local to global = 10
global id = 11 , group id = 2  , local id = 1 , convert local to global = 11
global id = 12 , group id = 2  , local id = 2 , convert local to global = 12
 (途中省略)
global id = 93 , group id = 18 , local id = 3 , convert local to global = 93
global id = 94 , group id = 18 , local id = 4 , convert local to global = 94
global id = 95 , group id = 19 , local id = 0 , convert local to global = 95
global id = 96 , group id = 19 , local id = 1 , convert local to global = 96
global id = 97 , group id = 19 , local id = 2 , convert local to global = 97
global id = 98 , group id = 19 , local id = 3 , convert local to global = 98
global id = 99 , group id = 19 , local id = 4 , convert local to global = 99
```

この例では20個のワークグループが作られ、それぞれのワークグループは5個のワークアイテムを持ちます。

引数に33を指定した例を示します。

実行例（ローカルアイテム数：33）

```
python glocal03.py 33
C:\Anaconda3\lib\site-packages\pyopencl\cffi_cl.py:1502: CompilerWarning: Non-empty compiler output encountered. Set the environment variable PYOPENCL_COMPILER_OUTPUT=1 to see more.
  "to see more.", CompilerWarning)
Traceback (most recent call last):
  File "glocal03.py", line 49, in <module>
    program.clCode(queue, globalSize, localSize, mem_a)
  File "C:\Anaconda3\lib\site-packages\pyopencl\cffi_cl.py", line 1747, in __call__
    return self._enqueue(self, queue, global_size, local_size, *args, **kwargs)
  File "<generated code>", line 54, in enqueue_knl_clCode
  File "C:\Anaconda3\lib\site-packages\pyopencl\cffi_cl.py", line 1931, in enqueue_nd_range_kernel
    global_work_size, local_work_size, c_wait_for, num_wait_for))
  File "C:\Anaconda3\lib\site-packages\pyopencl\cffi_cl.py", line 645, in _handle_error
    raise e
pyopencl.cffi_cl.LogicError: clEnqueueNDRangeKernel failed: INVALID_WORK_GROUP_SIZE
```

全ワークアイテム数を、ワークグループあたりのワークアイテム（= ローカルアイテム数）で割り切れないため、カーネル実行要求を行う clEnqueueNDRangeKernel API 呼び出しが失敗し、**INVALID_WORK_GROUP_SIZE** が表示されます。意識的にワークグループを複数に分割したい場合、globalSize を localSize で割り切れるようにするか、あるいは

14 ワークグループ

globalSize は localSize の整数倍になるように指定しなければなりません。

引数に 100 を指定した例を示します。

実行例 (ローカルアイテム数：100)

```
python glocal03.py 100
global id = 0 , group id = 0 , local id = 0 , convert local to global = 0
global id = 1 , group id = 0 , local id = 1 , convert local to global = 1
global id = 2 , group id = 0 , local id = 2 , convert local to global = 2
global id = 3 , group id = 0 , local id = 3 , convert local to global = 3
 (途中省略)
global id = 97 , group id = 0 , local id = 97 , convert local to global = 97
global id = 98 , group id = 0 , local id = 98 , convert local to global = 98
global id = 99 , group id = 0 , local id = 99 , convert local to global = 99
```

この例では 1 個のワークグループが作られ、ワークグループは 100 個のワークアイテムを持ちます。つまり、グローバル ID とローカル ID が一致します。

引数に 1 を指定した例を示します。

実行例 (ローカルアイテム数：1)

```
python glocal03.py 1
global id = 0 ,  group id = 0 ,  local id = 0 ,  convert local to global = 0
global id = 1 ,  group id = 1 ,  local id = 0 ,  convert local to global = 1
global id = 2 ,  group id = 2 ,  local id = 0 ,  convert local to global = 2
global id = 3 ,  group id = 3 ,  local id = 0 ,  convert local to global = 3
 (途中省略)
global id = 97 , group id = 97 , local id = 0 , convert local to global = 97
global id = 98 , group id = 98 , local id = 0 , convert local to global = 98
global id = 99 , group id = 99 , local id = 0 , convert local to global = 99
```

この例では 100 個のワークグループが作られ、それぞれのワークグループは 1 個のワークアイテムを持ちます。つまり、グループ ID はグローバル ID と同様に、唯一のワークアイテム数 − 1 の ID が割り当てられます。

これで、だいたいのワークグループやワークアイテムの理解が進んだと思います。最初に述べたように、高度なプログラムを開発し明確にワークグループを管理する、あるいは同期などを使用しローカルメモリを活用するなど、高度なアルゴリズムなどを実装したい場合でないかぎりワークグループを意識する必要はありません。つまり、get_global_id でグローバル ID を取得するかぎり、すべての要素が処理されます。

第15章

pyopencl.arrayと
テンプレート

15 pyopencl.array とテンプレート

本章では、OpenCL を意識しないで高速に演算を行う方法を紹介します。pyopencl.array や用意されているカーネルテンプレートの使用法について簡単に解説します。

15-1 pyopencl.array

PyOpenCL は、Python から OpenCL を使用するためのモジュールです。pythoncl の各関数は OpenCL API に対応していますが、OpenCL を C/C++ 言語から使う場合と違い、インタフェースは API を抽象化している部分も少なくありません。それでも、C/C++ 言語で OpenCL を使用していたエンジニアが PyOpenCL コードを観察すると、PyOpenCL のメソッドなどが、どの API と対応しているか容易に想像できます。ただ、PyOpenCL は単に OpenCL API をラップしているだけではありません。純粋な OpenCL とは異なる機能も提供しています。本章では、そのような PyOpenCL らしい使用法を紹介します。

PyOpenCL の pyopencl.array は、numpy.ndarray と同様に動作します。この pyopencl.array を使用すると、OpenCL デバイスを意識することなく、基本的な行列演算を OpenCL で行うことができます。

以降に、いくつかのプログラムを例に pyopencl.array を使って OpenCL を活用するものを解説します。

15-1-1 numpy.ndarray から生成する例

まず、ホストの numpy.ndarray から pyopencl.array を生成し、OpenCL で処理を行う例を示します。本プログラムは、4-1 節「はじめての PyOpenCL プログラム」で紹介した最初のプログラムを、pyopencl.array を使用して書き直したものです。以降にソースリストを示します。

リスト15.1●15_clArray/clArrayH2D.py

```
import pyopencl as cl
from pyopencl import array as clarray
import numpy as np

size = 8
```

```python
a = np.random.randint(0, 256, (size)).astype(np.int32)
b = np.random.randint(0, 256, (size)).astype(np.int32)
c = np.empty_like(a)

print(type(a))

context = cl.create_some_context(interactive=False)
queue = cl.CommandQueue(context)

# create clarray from host arrays
d_a = clarray.to_device(queue, a)
d_b = clarray.to_device(queue, b)
d_c = clarray.to_device(queue, c)

print(type(d_a))

d_c = d_a + d_b

# by CPU
cc= np.empty_like(c)
cc = a + b

#compare
print((d_c.get() - cc).sum() == 0)
```

numpy.ndarray を生成し、それを元に pyopencl.array を生成します。このプログラムは、配列 a と配列 b を加算し、結果を c へ格納します。デバイス側とホスト側でそれぞれ実施し、結果が一致するか検査します。このような方法を採用すると、カーネルコードを記述せず OpenCL で演算を処理できます。

本プログラムの a、b、c はホスト側、d_a、d_b、d_c はデバイス側に存在し、それぞれの加算処理はホスト側とデバイス側で処理されます。そのため、結果を参照するときに、データがデバイス側にしかないことで期待した結果が得られない場合があります。そのような場合には get() を使用してください。なお、print などにデバイス側のデータを指定すると暗黙に get() されます。本プログラムを実行し、True が表示されれば正常です。

15-1-2　pyopencl.array を直接生成する例

次に示すプログラムは、ホストの numpy.ndarray から生成するのではなく、最初から pyopencl.array を生成するように直前のプログラムを書き直したものです。以降にソース

リストを示します。

リスト15.2●15_clArray/clArrayDirect.py

```python
import pyopencl as cl
from pyopencl import array as clarray
from pyopencl import clrandom
import numpy as np

context = cl.create_some_context(interactive=False)
queue = cl.CommandQueue(context)

size = 8
a = clrandom.rand(queue, size, np.int, a=0, b=256)
b = clrandom.rand(queue, size, np.int, a=0, b=256)
c = clarray.empty(queue, size, np.int)

c = a + b

# by CPU
cc = a.get() + b.get()

#compare
print((c.get() - cc).sum() == 0)
```

　一般のプログラムでは演算前にデータを用意する必要があるため、直接 pyopencl.array を生成する機会は少ないでしょう。ただ、結果などを格納する配列は、直接 pyopencl.array を生成する方が効率的です。本プログラムは先のプログラム同様、二つの配列を加算します。デバイス側とホスト側で加算を実施し、結果が一致するか検査します。データがデバイス側にあるか、ホスト側にあるか気を付けてください。もっとも、PyOpenCL を使用すると暗黙的に転送されることが多いため、それほど気にかける必要はないでしょう。ただ、まったく無頓着にしていると予想外の転送が発生し性能低下を招きかねません。本プログラムを実行し、True が表示されれば正常です。

15-1-3　pyopencl.array から生成する例

　次のプログラムは、デバイスの pyopencl.array からデバイスの pyopencl.array を生成する例です。リスト 15.2 からの実質的な変更点は一行のみです。以降にソースリストを示します。

リスト15.3● 15_clArray/clArrayD2D.py

```python
import pyopencl as cl
from pyopencl import array as clarray
from pyopencl import clrandom
import numpy as np

context = cl.create_some_context(interactive=False)
queue = cl.CommandQueue(context)

size = 8
a = clrandom.rand(queue, size, np.int, a=0, b=256)
b = clrandom.rand(queue, size, np.int, a=0, b=256)
c = clarray.empty_like(a)

c = a + b

# by CPU
cc = a.get() + b.get()

#compare
print((c.get() - cc).sum() == 0)

print('a=', a)
print('b=', b)
print('c=', c)
```

デバイスの pyopencl.array である a からデバイスの pyopencl.array である c を生成します。ほかは先のプログラムと同様です。

実行例を次に示します。

実行例

```
True
a= [  8  93 202 205 124  81   7 195]
b= [ 77 234 115  87 111 148 130  35]
c= [ 85 327 317 292 235 229 137 230]
```

ここでは pyopencl.array の a と b を加算していますが、乗算や減算はもちろん、いろいろな演算を行わせることが可能です。簡単な配列同士の演算であれば、カーネルを記述せずほとんどの処理を実行できます。

15-1-4　pyopencl の説明

本節で使用した pyopencl の主要な関数について簡単に解説します。ほかの PyOpenCL の関数はすでに説明済みですので、ここでは省略します。詳細については PyOpenCL のドキュメントを参照してください。

pyopencl.array.to_device

書式

```
pyopencl.array.to_device(queue, ary, allocator=None, async_=None,
    array_queue=<class 'pyopencl.array._same_as_transfer'>, **kwargs)
```

機能

ary 引数に指定した numpy.ndarray のコピーである配列を返します。

引数

主要な引数を解説します。

- queue　　　　有効なコマンドキューです。
- allocator　　None または割り当て可能なバイト数を引数に pyopencl.Buffer オブジェクトを返すアロケータです。詳細は PyOpenCL のドキュメントを参照してください。
- async_　　　 従来は async でしたが、新しいバージョンでは async_ が推奨されています。詳細は PyOpenCL のドキュメントを参照してください。
- array_queue　結果の配列に格納されるコマンドキューです。None を渡すことで、配列に関連付けられた暗黙的なキューが存在しないことを確認するのに役立ちます。

戻り値

numpy.ndarray インスタンスの正確なコピーである配列を返します。

pyopencl.clrandom.rand

書式

pyopencl.clrandom.rand(queue, shape, dtype, luxury=None, a=0, b=1)

機能

乱数で満たされた配列を生成します。

引数

主要な引数を解説します。

- queue 　有効なコマンドキューです。
- shape 　生成する array に適用される shape です。
- dtype 　結果の dtype を名前で指定します。たとえば、'int64' や 'int' などです。デフォルト値は 'np.int' です。
- a 　　　発生する乱数の最小値です。
- b 　　　発生する乱数の最大値です。

戻り値

dtype で指定した型で、a から b の範囲のランダムな値で埋められた配列を返します。

15-2 スカラ

pyopencl.array は numpy.ndarray と同様にスカラとの演算も可能です。pyopencl.array とスカラの演算を行う例を示します。

リスト15.4●15_clArray02/clArrayScalar.py

```
import pyopencl as cl
from pyopencl import array as clarray
import numpy as np

context = cl.create_some_context(interactive=False)
```

15 pyopencl.array とテンプレート

```
queue = cl.CommandQueue(context)

size = 8
a = clarray.arange(queue, 0, size, 1, dtype=np.float32)
c = clarray.empty_like(a)

print('input =', a)

c = a + 5
print('input + 5 =', c)

c = a * 5
print('input * 5 =', c)

c = a / 5.0
print('input / 5 =', c)
```

a は clarray.arange を使って、0 から (size − 1) までを 1 刻みの値を保持する配列です。c は、a と同じ形式で内容は任意の配列です。以降に実行結果を示します、特に説明の必要もないでしょう。単純に入力に対し、スカラ値が加算、乗算、そして除算されます。

実行例

```
input = [ 0.  1.  2.  3.  4.  5.  6.  7.]
input + 5 = [  5.   6.   7.   8.   9.  10.  11.  12.]
input * 5 = [  0.   5.  10.  15.  20.  25.  30.  35.]
input / 5 = [ 0.          0.2         0.40000001  0.60000002  0.80000001  1.  1.20000005  1.39
999998]
```

15-3 数学関数

　数学関数も、pyopencl.array は numpy.ndarray と同様に使用可能です。pyopencl.array で数学関数を使用する例を示します。

リスト15.5●15_clArray02/clArrayMath.py

```python
import pyopencl as cl
from pyopencl import array as clarray
from pyopencl import clmath
import numpy as np

context = cl.create_some_context(interactive=False)
queue = cl.CommandQueue(context)

a = clarray.arange(queue, 0, 180.1, 45, dtype=np.float32)
print('a =', a)

c = clmath.sin(a*np.pi/180)
print('sin(a) =', c)

c = clmath.cos(a*np.pi/180)
print('cos(a) =', c)

c = clmath.sqrt(a)
print('sqrt(a) =', c)
```

　以降に実行結果を示します。特に説明の必要もないでしょう。

実行結果

```
a = [  0.   45.   90.  135.  180.]
sin(a) = [  0.00000000e+00   7.07106769e-01   9.99999940e-01   7.07106590e-01  -8.74227766e-08]
cos(a) = [  1.00000000e+00   7.07106769e-01  -4.37113883e-08  -7.07106948e-01  -1.00000000e+00]
sqrt(a) = [  0.           6.70820379   9.48683262  11.61894989  13.41640759]
```

15-4 最大値、最小値

最大値、最小値を求めるプログラムを紹介します。デバイス側で並列に実行するにも関わらず、普通の Python プログラムのように記述できます。

リスト15.6 ● 15_clArray02/clArrayMaxMin.py

```python
import pyopencl as cl
from pyopencl import array as clarray
from pyopencl import clrandom
import numpy as np

context = cl.create_some_context(interactive=False)
queue = cl.CommandQueue(context)

size = (5,)
a = clrandom.rand(queue, size, np.float32)
b = clrandom.rand(queue, size, np.float32)

print('a =', a)
print('b =', b)

print('maximum =', clarray.maximum(a, b))
print('minimum =', clarray.minimum(a, b))
```

以降に実行結果を示します、特に説明の必要もないでしょう。

実行例

```
a = [ 0.02611281  0.841712    0.82305568  0.03801867  0.83823544]
b = [ 0.44558889  0.78908122  0.77377474  0.60929042  0.2214471 ]
maximum = [ 0.44558889  0.841712    0.82305568  0.60929042  0.83823544]
minimum = [ 0.02611281  0.78908122  0.77377474  0.03801867  0.2214471 ]
```

15-5 if_positive

　条件によって、二つの配列から一つの配列を生成するプログラムを紹介します。以降にソースリストを示します。

リスト15.7●15_clArray02/clArrayIf_positive.py

```python
import pyopencl as cl
from pyopencl import array as clarray
from pyopencl import clrandom
import numpy as np

context = cl.create_some_context(interactive=False)
queue = cl.CommandQueue(context)

size = (5,)
a = clrandom.rand(queue, size, np.float32)
b = clrandom.rand(queue, size, np.float32)
criterion = clrandom.rand(queue, size, np.int32, a=-3, b=3)
c = clarray.if_positive(criterion, a, b)

print('a =', a)
print('b =', b)
print('criterion =', criterion)
print('c =', c)
```

pyopencl.array.if_positive の構文を以降に示します。

```
pyopencl.array.if_positive(criterion, then_, else_, out=None, queue=None)
```

criterion の値が 0 より大きければ then_ が、そうでなければ else_ が選ばれます。以降に実行結果を示します。

実行例 (1)

```
a = [ 0.92321807  0.23021062  0.03207927  0.6934768   0.78637499]
b = [ 0.41547403  0.37439764  0.93223935  0.90854704  0.30480751]
criterion = [-2  2  0  0  2]
```

```
c = [ 0.41547403  0.23021062  0.93223935  0.90854704  0.78637499]
```

criterionの値によってaまたはbの値が選ばれ、一つの配列を生成します。網掛けした値が選ばれた値です。再度実行し、選択される配列が、どのように変化するか観察します。

実行例 (2)

```
a = [ 0.12151958  0.78301305  0.50066721  0.9105041   0.43646696]
b = [ 0.33444443  0.33348718  0.76672482  0.23280549  0.24485558]
criterion = [ 0 -2  2  2 -1]
c = [ 0.33444443  0.33348718  0.50066721  0.9105041   0.24485558]
```

15-6 リダクション

前節のプログラムでは配列の各要素同士を処理しましたが、本節では全要素を処理するプログラムを紹介します。以降に、ソースリストを示します。

リスト15.8● 15_clArray03/Reduction_mako.py

```python
import pyopencl as cl
from pyopencl import array as clarray
from pyopencl import clrandom
import numpy as np

context = cl.create_some_context(interactive=False)
queue = cl.CommandQueue(context)

size = (5,)
a = clrandom.rand(queue, size, np.float32, a=-256, b=256)
print('a =', a.get())

# by CPU
print('min(a) =', np.min(a.get()))
print('max(a) =', np.max(a.get()))
print('sum(a) =', np.sum(a.get()))
```

```
# by OpenCL
#from mako.template import Template
print('min(a) =', clarray.min(a))
print('max(a) =', clarray.max(a))
print('sum(a) =', clarray.sum(a))
```

　numpy と pyopencl の両方で、配列のすべての要素から最小のものと最大のもの、そして全要素の総和を求めます。このプログラムを実行すると「makoモジュールがない」旨のメッセージ（No module named 'mako'）が表示される場合があります。そのような場合は、Makoモジュールをインストールしましょう。

　Mako モジュールのインストール方法はいくつかありますが、ここではこれまでと同様にpip コマンドを使います。その方法は、Anaconda Prompt を開いて「pip install Mako」と入力するだけです。Mako モジュールのインストールの様子を次に示します。

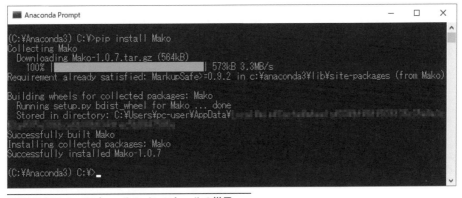

図15.1●Makoモジュールのインストールの様子

　モジュールをインストールしたら、先のプログラムを再度実行してみましょう。今度は問題なく動作します。実行結果には配列の最小値、最大値と総和が二回表示されます。一回目は従来の Python で表示したもの、二回目は pyopencl で処理したものです。

実行例

```
a = [  35.46176147  204.61126709  152.85467529  -57.71138    -90.58816528]
min(a) = -90.5882
max(a) = 204.611
sum(a) = 244.628
min(a) = -90.58816528320312
```

```
max(a) = 204.61126708984375
sum(a) = 244.62815856933594
```

15-6-1 Mako モジュール

　Mako は Python 向けの超高速で軽量なテンプレートライブラリです。本章で紹介するプログラムは、pyopencl が Mako モジュールを使用しているため、自身のプログラムから Mako モジュールの import は行っていません。しかし、間接的に Mako モジュールを使用するため、Mako モジュールがインストールされていないと、先に説明したメッセージが表示されます。そのようなときは、先に説明したように Mako モジュールをインストールしてください。Mako モジュールは、Python 標準のライブラリに含まれているテンプレートより高速で、テンプレート内に Python コードを埋め込む機能や、キャッシュ機構などを備えているのが特徴です。

　Mako は高速で、特別な欠点はなさそうですが、日本語環境で利用する場合は文字コードの扱いに少し注意が必要です。正式な情報は「Mako Templates for Python」(http://www.makotemplates.org/) を参照してください。

15-7 ReductionKernel テンプレート

　ReductionKernel テンプレートを使用した例を示します。テンプレート名から分かるようにリダクションカーネルを生成します。まず、ReductionKernel の構文とその動作を説明します。

ReductionKernel

書式

```
pyopencl.reduction.ReductionKernel(ctx, dtype_out, neutral,
    reduce_expr, map_expr=None, arguments=None,
    name="reduce_kernel", options=[], preamble="")
```

引数

ctx	有効なコンテキストです。
dtype_out	返却値の型を指定します。
neutral	初期値を指定します。
reduce_expr	Reduce 部分のコードを指定します。
map_expr	Map 部分のコードを指定します。
arguments	カーネルの引数を指定します。
name	カーネル名前を指定します。
options	カーネルをビルドするときのオプションです。カーネルのコンパイラに渡されます。
preamble	カーネルコードの前に追加されるプリプロセッサなどのコードを指定します。

戻り値

リダクションの結果です。型は dtype_out で指定されたものが使用されます。

機能説明

多くのスカラ、またはベクトル引数（少なくとも一つのベクトル引数）に対し、引数の各エントリに対して map_expr を実行し、その結果に対して reduce_expr を実行するカーネルを生成します。neutral は初期値です。preamble には、カーネルコードの前に追加されるプリプロセッサディレクティブなど（ヘルパー関数など）を追加する機能です。

map_expr の配列は、変数 i によって参照される必要があります。reduce_expr は、リダクション操作の二つのオペランドを示すために、仮の値 'a' と 'b' を使用します。map_expr を指定しないと、[i] は自動的に一つの入力引数として扱われます。

dtype_out はリダクションが実行され、結果が返される型を指定します。neutral は、文字列としてフォーマットされた float または integer として指定します。reduce_expr および map_expr は文字列形式の操作として指定され、引数は C 引数リストとしてフォーマットされた文字列として指定されます。name は、カーネルのコンパイル時の名前を指定します。options は pyopencl.Program.build() にそのまま渡されます。preamble は、実際のカーネルの前に挿入されるコードの文字列を指定します。

15-7-1 配列の総和

まず、配列の全要素の総和を求めるプログラムを示します。前節のプログラムで同じことを行いましたが、ReductionKernel テンプレートの使用法を学ぶのに適しているため、ここでもう一度行ってみます。以降にソースリストを示します。

リスト15.9●15_clArray03/ReductionSum.py

```python
import pyopencl
from pyopencl import clrandom
from pyopencl.reduction import ReductionKernel
import numpy as np

context = pyopencl.create_some_context(interactive=False)
queue = pyopencl.CommandQueue(context)

size = (10,)
a = clrandom.rand(queue, size, np.int32, a=-256, b=256)

knrl = ReductionKernel(context,
                       np.int32,
                       neutral='0',
                       reduce_expr='a+b',
                       map_expr='x[i]',
                       arguments='__global int *x')

print('a =', a)
print('a.sum() =', a.get().sum())
print('knrl(a) =', knrl(a))
```

実行結果を次に示します。

実行例

```
a = [-215  175  -31 -241  234 -233   43    1 -124  172]
a.sum() = -219
knrl(a) = -219
```

最初の a が処理対象の配列、次の行が通常の Python で求めた総和、最後が ReductionKernel テンプレートを使用し生成したカーネルで求めた値です。何らかの間違いがあると、最後の二行の値が異なります。特に説明の必要はないでしょうが、すべての要素

を対象とするため map_expr には 'x[i]' を、reduce_expr には 'a+b' を指定します。また、初期値 neutral は 0 とします。

15-7-2 最大値と最小値

ついでに、先のプログラムと同様に最大値と最小値を求めるプログラムも紹介します。以降にソースリストを示します。

リスト15.10●15_clArray03/ReductionMinMax.py

```python
import pyopencl
from pyopencl import clrandom
from pyopencl.reduction import ReductionKernel
import numpy as np

context = pyopencl.create_some_context(interactive=False)
queue = pyopencl.CommandQueue(context)

size = (10,)
a = clrandom.rand(queue, size, np.int32, a=-256, b=256)

knrlMin = ReductionKernel(context,
                          np.int32,
                          neutral='0',
                          reduce_expr='min(a, b)',
                          map_expr='x[i]',
                          arguments='__global int *x')

knrlMax = ReductionKernel(context,
                          np.int32,
                          neutral='0',
                          reduce_expr='max(a, b)',
                          map_expr='x[i]',
                          arguments='__global int *x')

print('a =', a)
print('min, knrlMin(a) =', knrlMin(a))
print('max, knrlMax(a) =', knrlMax(a))
```

実行結果を次に示します。

実行例

```
a = [ -55 -205  -49  125  100 -148  -43   61   65   26]
min, knrlMin(a) = -205
max, knrlMax(a) = 125
```

最初の a が処理対象の配列、次の行が最小値、最後が最大値です。何回も実行してみると、最小値や最大値に間違った値が表示される場合があります。

実行例（間違った値が表示される場合・1）

```
a = [238 127 204 219 240 243  96 214 215 177]
min, knrlMin(a) = 0
max, knrlMax(a) = 243
```

実行例（間違った値が表示される場合・2）

```
a = [-188 -175  -15  -86 -247 -255 -114 -214 -121  -38]
min, knrlMin(a) = -255
max, knrlMax(a) = 0
```

これは、初期値の neutral に 0 を設定しているためです。正常に処理したければ、最大値を求めるカーネルには使用する型が保持できる最小値を neutral に設定し、最小値を求めるカーネルには使用する型が保持できる最大値を neutral に設定しておくとよいでしょう。

15-7-3 二つの配列

ReductionKernel テンプレートの引数に与える値が分かりやすいように、二つの配列の全要素の総和を求めるプログラムを紹介します。以降にソースリストを示します。

リスト15.11● 15_clArray03/ReductionSum2.py

```python
import pyopencl
from pyopencl import clrandom
from pyopencl.reduction import ReductionKernel
import numpy as np

context = pyopencl.create_some_context(interactive=False)
```

```
queue = pyopencl.CommandQueue(context)

size = (10,)
a = clrandom.rand(queue, size, np.int32, a=-256, b=256)
b = clrandom.rand(queue, size, np.int32, a=-256, b=256)

knrl = ReductionKernel(context,
                       np.int32,
                       neutral='0',
                       reduce_expr='a+b',
                       map_expr='x[i]+y[i]',
                       arguments='__global int *x, __global int *y')
print('a =', a)
print('b =', b)
print('a.sum() + b.sum() =', a.get().sum() + b.get().sum())
print('knrl(a, b) =', knrl(a, b))
```

本プログラムは、二つの配列の総和を求めます。すでに一つの配列の総和を求める方法は紹介済みですが、ReductionKernel テンプレートについての理解を深めるために、このようなプログラムを採用します。以降に実行結果を示します。

実行例

```
a = [ -92  -61  -41  149   91 -192 -133  246 -120  -63]
b = [ 171 -131 -139   73   90  243  182  -41  -12   92]
a.sum() + b.sum() = 312
knrl(a, b) = 312
```

最初の a と b が処理対象の配列です。次の行が通常の Python で求めた総和、最後が ReductionKernel テンプレートを使用し生成したカーネルで求めた値です。先述の配列が一つの例と異なり、引数 arguments に '__global int *x, __global int *y' を指定し、さらに map_expr に 'x[i]+y[i]' を指定します。先の例と比較すると、引数の指定方法の理解が進むでしょう。

15-7-4 データを間引く

ここでは、配列の要素をある法則によって間引き、その中から最大の値を求めるものを紹介します。最大値の初期値は 0 としますので、対象データに 0 以上のものが存在しない場

合は 0 が返ります。以降にソースリストを示します。

リスト15.12 ● 15_clArray03/ReductionMax.py

```python
import pyopencl
from pyopencl import clrandom
from pyopencl.reduction import ReductionKernel
import numpy as np

context = pyopencl.create_some_context(interactive=False)
queue = pyopencl.CommandQueue(context)

size = (10,)
a = clrandom.rand(queue, size, np.int32, a=-256, b=256)

knrl = ReductionKernel(context,
                       np.int32,
                       neutral='0',
                       reduce_expr='max(a, b)',
                       map_expr='i % 2 == 0 ? x[i] : 0',
                       arguments='__global int *x')

print('a =', a)
print('knrl(a) =', knrl(a))
```

間引きの処理は `map_expr` で指定し、最大値を探す処理は `reduce_expr` に指定します。以降に実行結果を示します。

実行例

```
a = [-167  231  -38 -233   27  224   19  202 -233 -148]
knrl(a) = 27
```

このプログラムは、配列 a の特定の要素から最大値を探します。配列 a に含まれる最大値は 231 です。しかし、このテンプレート生成時の `map_expr` に、i が 2 で割り切れるときは 0、そうでないときは配列の値が適用されます。つまり上記は、0 もしくは配列のインデックスが 2 で除算し余りが 0 のものが対象となります。したがって、

```
[0, -167, -38, 27, 19, -233]
```

の中から最大値を探すことを意味します。プログラムの表示した値は 27 ですので、正常に

動作しています。もう一度実行してみましょう。今度は 0 が得られます。

実行例
```
a = [ -32 -113  -76 -170  -70 -193 -134  103 -114 -191]
knrl(a) = 0
```

これは、上記の間引きが作用し、対象データに 0 より大きな値が存在しなかったためです。

15-8 subset

clarray オブジェクトのインデックスで指定された要素に対し、ある操作を行うプログラムを紹介します。以降にソースリストを示します。

リスト15.13●15_clArray03/Subset.py
```python
import pyopencl as cl
from pyopencl import array as clarray
from pyopencl import clrandom
import numpy as np

context = cl.create_some_context(interactive=False)
queue = cl.CommandQueue(context)

size = (10,)
a = clrandom.rand(queue, size, np.float32, a=-256, b=256)
b = clrandom.rand(queue, size, np.float32, a=-256, b=256)
indices = clarray.arange(queue, 0, size, 3, dtype=np.int32)
print('a =', a)
print('b =', b)
print('indices =', indices)

c = clarray.take(a, indices)
print(c)

#form here need mako module, [pip install mako]
c = clarray.subset_dot(indices, a, b)
print('subset_dot(indices, a, b) =', c)
```

```
c = clarray.subset_min(indices, a)
print('subset_min(indices, a) =', c)

c = clarray.subset_max(indices, a)
print('subset_max(indices, a) =', c)
```

clarray.take は、配列から指定したインデックスの要素を取り出した配列を生成します。subset_dot は、指定したインデックスで選択された配列の内積（ドット積）を求めます。clarray.subset_min と clarray.subset_max は、同様に最小値、最大値を返します。以降に実行結果を示します。

実行例 (1)

```
a = [-164.98843384  110.76889038  174.69262695  163.69717407   41.40615845
 -177.86277771  129.00689697 -221.34083557  -62.42337036 -109.21000671]
b = [-166.73504639   17.09912109  250.43618774  203.52490234 -124.65231323
   24.64602661  -62.71400452  124.64157104  235.35095215 -169.8822937 ]
indices = [0 3 6 9]
[-164.98843384  163.69717407  129.00689697 -109.21000671]
subset_dot(indices, a, b) = 71288.109375
subset_min(indices, a) = -164.98843383789062
subset_max(indices, a) = 163.69717407226562
```

もう一度実行した例を示します。配列からインデックスで要素を取り出し、その配列に対してドット積と最小値、最大値を求めます。

実行例 (2)

```
a = [ -44.20802307  193.85015869 -180.22491455  -62.5088501   106.35510254
 -135.35067749  169.86575317 -198.93960571  228.83898926   33.28622437]
b = [  20.28781128  168.58789062   99.57382202  -27.12545776   49.90551758
 -155.10119629    6.12875366   22.59698486 -181.77581787  103.52807617]
indices = [0 3 6 9]
[ -44.20802307  -62.5088501   169.86575317   33.28622437]
subset_dot(indices, a, b) = 5285.8212890625
subset_min(indices, a) = -62.50885009765625
subset_max(indices, a) = 169.86575317382812
```

15-9 Elementwise テンプレート

　Elementwise テンプレートを使用してカーネルを記述する例を紹介します。まず、ElementwiseKernel クラスを示します。

ElementwiseKernel

　pyopencl.elementwise モジュールは、一つまたは複数のオペランドで多段階の演算を行うカーネルを生成するのに役立ちます。オーバーロードされた演算子を使用して pyopencl.array.Array インスタンスの式を評価すると、途中でテンポラリな値が作成されるため効率が低下します。

書式

```
pyopencl.elementwise.ElementwiseKernel(context, arguments,
    operation, name="kernel", preamble="", options=[])
```

引数

- arguments　カーネルの引数リストです。引数は C 引数リストとしてフォーマットされた文字列として指定されます。
- operation　目的の「マップ」オペレーションを実行する C 言語コードです。現在のインデックス（イテレータ）は変数 i として使用できます。現在の要素の処理を終了したいときは、PYOPENCL_ELWISE_CONTINUE を使用してください。
- name　カーネルのコンパイル時の名前を指定します。
- preamble　実際のカーネルの前に挿入されるコードの文字列を指定します。
- options　pyopencl.Program.build() にそのまま渡されます。

備考

　一部の要素を処理しない場合があります。そのような場合に return 文を使用すると結果が正常ではなくなるので、return の代わりに PYOPENCL_ELWISE_CONTINUE を使用します。

15-9-1 要素ごとの簡単な計算

まず、配列 a と b を入力し、各要素に「z[i] = a* x[i] + y[i] - b」を実施する例を示します。

リスト15.14●15_clArrayTemplate/Elementwise.py

```python
import pyopencl as cl
from pyopencl import array as clarray
from pyopencl.elementwise import ElementwiseKernel
from pyopencl import clrandom
import numpy as np

context = cl.create_some_context(interactive=False)
queue = cl.CommandQueue(context)

size = (3, 4)
x = clrandom.rand(queue, size, np.int32, a=-256, b=256)
y = clrandom.rand(queue, size, np.int32, a=-256, b=256)
z = clarray.empty_like(x)

kernel1 = ElementwiseKernel(context,
        'int a, int *x, int *y, int b, int *z',
        'z[i] = a*x[i] + y[i] - b;')

a = 2
b = 3

kernel1(a, x, y, b, z)   # by device
hz = (a*x + y - b)       # by cpu

print('x =', x)
print('y =', y)
print('z =', z)
print('hz=',hz)

assert np.all(z - hz) == 0
```

kernel1 はカーネルオブジェクトです。ElementwiseKernel テンプレートを使用して生成します。

ここで紹介するプログラムは、arguments に「'int a, int *x, int *y, int b, int *z',」を与えます。つまり、int 型の a と b そして int 型の配列 x、y、z を指定します。

operation に「z[i] = a* x[i] + y[i] - b」を指定したため、要素ごとに「2* x[i] + y[i] - 3」の処理が行われます。テンプレートを使用するためカーネルコードを記述する必要はありません。

以降に実行結果を示します。

実行例

```
x = [[ -80  252  131 -231]
 [  99  254  -34  192]
 [ 102  -41 -160  178]]
y = [[ -41  -92 -174  -51]
 [   3  103  -84   48]
 [  -1 -232  171 -170]]
z = [[-204  409   85 -516]
 [ 198  608 -155  429]
 [ 200 -317 -152  183]]
hz= [[-204  409   85 -516]
 [ 198  608 -155  429]
 [ 200 -317 -152  183]]
```

OpenCL で得た値（z）と numpy で得た値（hz）を比較して違いがないことを検証します。念のため、一項目だけ計算してみましょう。最初の要素を計算すると、「2* (-80) + (-41) - 3」の結果は「-204」です。確かに、上記の処理結果の先頭と一致します。

15-9-2 画像処理

第 5 章「画像と行列処理」の 5-3 節「画像のネガティブ処理」を、Elementwise テンプレートを使用して記述してみましょう。以降にソースリストを示します。

リスト15.15●15_clArrayTemplate/ElementwiseNeg.py

```python
import pyopencl as cl
import numpy as np
from pyopencl import array as clarray
from pyopencl.elementwise import ElementwiseKernel
from PIL import Image

ifile = 'in.jpg'
ofile = 'out.jpg'
```

15 pyopencl.array とテンプレート

```python
def load_image_to_array(path):
    """
    Loads image into 3D Numpy array.
    shape = (height, width, channels), dtype = uint8
    """
    with Image.open(path) as image:
        arr = np.fromstring(image.tobytes(), dtype=np.uint8)
        width, height = image.size
        channels = 3
        arr = arr.reshape(height, width, channels)
    return arr


if __name__ == '__main__':
    iArr = load_image_to_array(ifile)

    context = cl.create_some_context(interactive=False)
    queue = cl.CommandQueue(context)

    d_iArr = clarray.to_device(queue, iArr)
    d_oArr = clarray.empty_like(d_iArr)

    knl = ElementwiseKernel(context,
        'uchar* in, uchar* out',
        'out[i] = 255 - in[i];')

    knl(d_iArr, d_oArr)

    out = d_oArr.get()

    image = Image.fromarray(out)
    image.save(ofile)
```

以降に実行結果を示します、特に説明の必要もないでしょう。

入力（in.jpg）　　　　処理後（out.jpg）

図15.2●実行例

15-9-3　options の指定

Elementwise テンプレートを使用する際に options を指定する例を示します。以降にソースリストを示します。

リスト15.16●15_clArrayTemplate/ElementwiseOptions.py

```
import pyopencl as cl
from pyopencl import array as clarray
from pyopencl.elementwise import ElementwiseKernel
from pyopencl import clrandom
import numpy as np

context = cl.create_some_context(interactive=False)
queue = cl.CommandQueue(context)

size = (3, 4)
x = clrandom.rand(queue, size, np.int32, a=-256, b=256)
y = clrandom.rand(queue, size, np.int32, a=-256, b=256)
z = clarray.empty_like(x)

options = ['-D', 'SUB_FIVE']
kernel1 = ElementwiseKernel(context,
        'int a, int *x, int *y, int b, int *z',
        '''z[i] = a*x[i] + y[i] - b
        #ifdef SUB_FIVE
            - 5
        #endif
        ;
```

15 pyopencl.array とテンプレート

```
        ''',
        options=options
        )

a = 2
b = 3

kernel1(a, x, y, b, z)
hz = (a*x + y - b)
hz -= 5      # options

print('x =', x)
print('y =', y)
print('z =', z)
print('hz=',hz)

assert np.all(z - hz) == 0
```

ElementwiseKernel テンプレートに指定する options 引数の値は、「['-D', 'SUB_FIVE']」です。つまり、C 言語で SUB_FIVE を define したのと同じです。これによって、**operation** 内の「-5」が有効化されます。以降に実行結果を示します。

実行例

```
x = [[-106  155 -171 -227]
 [ -42  -85  245  178]
 [ -54 -200  235  135]]
y = [[-193  215  139 -226]
 [ 191  165  134 -117]
 [ -17 -255  -57  103]]
z = [[-413  517 -211 -688]
 [  99  -13  616  231]
 [-133 -663  405  365]]
hz= [[-413  517 -211 -688]
 [  99  -13  616  231]
 [-133 -663  405  365]]
```

OpenCL で得た値（z）と numpy で得た値（hz）を比較して違いがないことを検証します。

参考資料／参考文献

1. Anaconda ウェブサイト（https://www.anaconda.com/）
2. Python ウェブサイト（https://www.python.org/）
3. 『はじめよう！Python プログラミング』、日経 BP 社
4. The OpenCL Specification Version: 1.2 Document Revision: 15 / Khronos OpenCL Working Group / Editor: Aaftab Munshi
5. The OpenCL Specification Version: 1.1 Document Revision: 33 / Khronos OpenCL Working Group / Editor: Aaftab Munshi
6. The OpenCL Specification Version: 2.1 Document Revision: 23 / Khronos OpenCL Working Group / Editor: Lee Howes
7. The OpenCL Specification Version: 2.2 / Khronos OpenCL Working Group Revision: v2.2-3 / Editor: Alex Bourd / May 12, 2017
8. PyOpenCL ハンズオン in kyoto.py（2011 年 9 月 24 日）。少し古いが有益な情報が多い
9. 『OpenCL 2 入門』、カットシステム、北山洋幸著
10. 『退屈なことは Python にやらせよう』、オライリージャパン、Al Sweigart 著、相川愛三（翻訳）
11. 『Python OpenCL 入門：Python で GPGPU の世界へ』Kindle 版、小松正樹著
12. 『OpenCL 応用―メニーコア CPU & GPGPU 時代の並列処理』、カットシステム、北山洋幸著
13. 『Intel SDK for OpenCL Applications 2016 R3』、米 Intel 社
14. 『OpenCL 2.0 Shared Virtual Memory Overview』、米 Intel 社
15. Khronos OpenCL Registry（各種仕様書、https://www.khronos.org/registry/OpenCL/）
16. 米 Intel 社「Intel Developer Zone」ウェブサイト（https://software.intel.com/en-us/）
17. 米 AMD 社「AMD APP SDK」ウェブサイト
18. 米 NVIDIA 社ウェブサイト

A
Anaconda 8
Anaconda Navigator 15

B
bilinear 法 209
bpp 112
Buffer 56

C
cl_image_desc 構造体 263
clBuildProgram 68
clCreateBuffer 65
clCreateCommandQueue 64
clCreateCommandQueueWithProperties 61
clCreateContext 60
clCreateImage 260
clCreateProgramWithSource 67
clEnqueueNDRangeKernel 71
clEnqueueReadBuffer 72
clEnqueueReadImage 265
clEnqueueTask 72
clGetDeviceIDs 92
clGetDeviceInfo 95
clGetPlatformIDs 91
clGetPlatformInfo 93
clSetKernelArg 69
CommandQueue 56
create_some_context 55

E
ElementwiseKernel 313
enqueue_copy 59

G
get 293
get_devices 91
get_global_id 276
get_global_size 102
get_platforms 90

I
IDLE 31
image_format 構造体 261
ImageFormat 259
INVALID_WORK_GROUP_SIZE 289

L
load_image_to_array 132
load_kernel 132

M
Mako モジュール 304

N
numpy.empty 105
numpy.empty_like 54
numpy.random.randint 53
numpy.zeros_like 148

O
opencl 133
OpenCL 2
OpenCL C 言語 4
OpenCL 情報 86
options 317

P
Pillow 100
Program 57
Program.build 57
PyOpenCL .... iii, 4
pyopencl.array 292
pyopencl.array.if_positive 301
pyopencl.array.to_device 296
pyopencl.clrandom.rand 297

pyopencl.enqueue_fill_buffer 230
pyopencl.Image 259
PYOPENCL_COMPILER_OUTPUT 81
Python 2

■ R

read_imagef 253, 267
ReductionKernel 304

■ S

Spyder 38
strides 120
subset 311

■ U

uchar4 162

■ V

vloadn 173
vstoren 168

■ W

write_imagef 253, 268

■ あ

アウトオブオーダー 63
アドレスモード 251
移動平均フィルタ 190
イメージオブジェクト 244
　　書き込み 253, 268
　　生成 259
　　読み込み 253, 267
色深度 112
インオーダー 63
エッジ強調 156, 255
エンボス処理 233
オブジェクトの転送 59

■ か

カーネル .... v, 4, 277
　　引数 69
回転処理 214, 220
ガウシアンフィルタ 193
書き込み（イメージオブジェクト） 253, 268
拡大処理 202
画像の合成 236
キューイング 52, 58, 71, 72
行列の処理位置 120
行列の積 74
グレイスケール化 233
グローバル ID 281
コマンドキュー 51
　　生成 56, 61, 64
コンテキスト 51
　　生成 55, 60

■ さ

最近傍法 206
最小値 300, 307
最大値 300, 307
座標の正規化 252
左右反転処理 122, 133
サンプラーオブジェクト 251
実行結果 52
縮小処理 202
上下反転処理 125, 136
ステップ実行 42
線形補間 209
総和 306, 308
ソフトフォーカス 158, 256

■ た

タスク並列 4, 72
データ並列 4
データを間引く 309
デバイス 3
　　情報 95
　　リスト 91
デバッグ 42
テンプレート 304

■ な

ネガティブ処理 111, 135

■ は

配列 54, 105, 148, 296
バッファ .... v, 51
バッファオブジェクト v
 生成 56
引数 .... v, 69
フィルタモード 252
プラットフォームの情報 93
ブレークポイント 44
プログラムオブジェクト 52
 生成 57, 67
 ビルド 57, 68
プロファイリング 64
ベクタ型 162
 読み込み 173
ヘテロジニアス 2
ポインタ 172
ホスト 3
ホストとカーネルの分離 79, 130

■ ま

メモリオブジェクト 51
 生成 65

■ や

読み込み（イメージオブジェクト） 253, 267

■ ら

ラプラシアンフィルタ 151
乱数 53, 297
リダクション 302
ローカル ID 281

■ わ

ワークアイテム .... v, 277
ワークグループ 276
 分割 281

著者紹介

北山 洋幸（きたやま ひろゆき）

鹿児島県南九州市知覧町出身、富士通株式会社、日本ヒューレット・パッカード株式会社（旧　横河ヒューレット・パッカード株式会社）、米国 Hewlett-Packard 社（出向）、株式会社 YHP システム技術研究所を経て有限会社スペースソフトを設立、現在に至る。情報処理学会員。

　メインフレームのシステムソフトウェア開発や、メインフレーム用プロセッサシミュレータ開発に携わる。開発したシミュレータは、実際のメインフレーム用プロセッサ開発に供せられた。その後、周辺機の開発へ移行し、初期のパーソナルコンピュータやイメージングシステムの開発を国内外の研究開発部門で担当する。その後、コンサルティング分野に移り、通信・リアルタイムシステム・信号処理・宇宙航空機・電力などのインフラ設計・LSI の論理設計などなど、さまざまな研究に参加する。海外との共同コンサルティングなども行う。同時に、自社ブランドの開発キットも開発・販売を行う。

　現在は、本業を減らし、日々地域猫との交流を楽しんでいる。近くの公園には、10 匹を超える地域猫がおり、毎日、散歩がてらおやつを上げるのを日課としている。地域猫には、それぞれメインの担当者がおり、筆者は、もっぱらおやつを上げるだけである。残念なのは故郷の野良と違い、都会の野良は懐きにくい点である。故郷の野良は、ほとんど飼い猫と変わらないが、都会の野良は簡単に体に触ることを許さない。都会の野良は警戒心が強い、これは人の心をうつしたものだろうかと思う今日この頃である。

　書籍の執筆はペンネーム時代を含め、数十年を経過しているが、もともと文才に難があり良書と言えるものはごく僅かである。ただ、何点かは翻訳されたり、選書に選ばれたこともある。少し前に、印税の累積を計算してみたが、思ったより多かった。しかし、その印税がどこに行ってしまったのか定かではない。以前は、月刊誌・季刊誌・辞典などに寄稿や連載を行っていたが、面倒になったのと月刊誌などの激減で、この数年は連載などは行っていない。

主な著訳書

　書籍、月刊誌、辞典、コラム・連載など執筆多数。

　しばしば勘違いされますが、本業はライターではありません。また、コンピュータ間系の開発に携わっていますが、通常の仕事と書籍は直接関係のない分野がほとんどです。

Python で始める OpenCL
メニーコア CPU & GPGPU 時代の並列処理

2018 年 3 月 10 日　　　初版第 1 刷発行

著　者	北山 洋幸
発行人	石塚 勝敏
発　行	株式会社 カットシステム
	〒 169-0073　東京都新宿区百人町 4-9-7　新宿ユーエストビル 8F
	TEL (03)5348-3850　　　FAX (03)5348-3851
	URL　http://www.cutt.co.jp/
	振替　00130-6-17174
印　刷	シナノ書籍印刷 株式会社

本書に関するご意見、ご質問は小社出版部宛まで文書か、sales@cutt.co.jp 宛に e-mail でお送りください。電話によるお問い合わせはご遠慮ください。また、本書の内容を超えるご質問にはお答えできませんので、あらかじめご了承ください。

■ 本書の内容の一部あるいは全部を無断で複写複製（コピー・電子入力）することは、法律で認められた場合を除き、著作者および出版者の権利の侵害になりますので、その場合はあらかじめ小社あてに許諾をお求めください。

Cover design　Y.Yamaguchi　　　© 2018 北山洋幸
Printed in Japan　ISBN978-4-87783-433-3